CATALOGUE

DE

LIVRES ET MANUSCRITS

ANCIENS ET MODERNES

Principalement sur les Beaux-Arts
la Topographie et les Voyages
Ouvrages sur Paris

Manuscrits avec et sans miniatures. — Viollet-le-Duc, Dictionnaire de l'Ameublement, grand papier. — Livres d'architecture d'Alberti, Berain, Blondel, Bullant, Daly, Ph. de l'Orme, Du Cerceau, Le Pautre, Vitruve, etc. — Art militaire. — L'armée française de Detaille, grande édition. — Collection de l'Art. — Catalogues illustrés. — La Collection Spitzer, 6 vol. — Céramique. — Recueils de costumes. — Montfaucon, Monuments de la monarchie françoise. — Du Sommerard, Les Arts au moyen âge. — La Gazette des Beaux-Arts, grand papier. — Ouvrages sur la musique. — Livres sur la gravure, la peinture, la sculpture, la tapisserie. — Livres de Géographie, de Topographie et recueils de Voyages. — Ouvrages de Blaeu, Hogenberg, Saint Non, Sanderus, etc. — Nombreux ouvrages sur Paris, Courses de têtes et de bagues, exemplaire relié en maroquin; Du Boulay, Historia universitatis; Ordonnances de la ville de Paris, 1528; Pigafetta, Assedio di Parigi. — Ouvrages de différents genres. — Impressions elzéviriennes et de Bodoni. — Ouvrages sur le théâtre. Sur l'art héraldique. — Livres de Bibliographie. — Recueils d'[illegible], etc.

PARIS
LIBRAIRIE DAMASCÈNE MORGAND
ÉDOUARD RAHIR ET Cie, SUCCESSEURS
LIBRAIRES DE LA SOCIÉTÉ DES BIBLIOPHILES FRANÇOIS
Passage des Panoramas, 55.
1903

CATALOGUE

DE

LIVRES ET MANUSCRITS

ANCIENS ET MODERNES

LA VENTE AURA LIEU

Du Mercredi 22 Avril au Samedi 25 Avril 1903

A DEUX HEURES PRÉCISES

HOTEL DES COMMISSAIRES-PRISEURS

RUE DROUOT, 9

SALLE N° 7 AU PREMIER

Par le ministère de M. MAURICE DELESTRE, commissaire-priseur,

RUE SAINT-GEORGES, 5

Assisté de M. Ed. RAHIR, libraire,

PASSAGE DES PANORAMAS, 55

CONDITIONS DE LA VENTE

La vente se fera au comptant.

Les acquéreurs paieront 10 p. 100 en sus du prix d'adjudication.

Les livres devront être collationnés dans les vingt-quatre heures de l'adjudication. Passé ce délai, ils ne seront repris pour aucune cause.

MM. RAHIR et Cie rempliront les commissions des personnes qui ne pourraient assister à la vente.

CATALOGUE

DE

LIVRES ET MANUSCRITS

ANCIENS ET MODERNES

Principalement sur les Beaux-Arts
la Topographie et les Voyages
Ouvrages sur Paris

Manuscrits avec et sans miniatures. — Viollet-le-Duc, Dictionnaire de l'Ameublement, grand papier. — Livres d'architecture d'Alberti, Bérain, Blondel, Bullant, Daly, Ph. de l'Orme, Du Cerceau, Le Pautre, Vitruve, etc. — Art militaire. — L'armée française de Detaille, grande édition. — Collection de l'Art. — Catalogues illustrés. — La Collection Spitzer, 6 vol. — Céramique. — Recueils de costumes. — Montfaucon, Monuments de la monarchie françoise. — Du Sommerard, Les Arts au moyen-âge. — La Gazette des Beaux-Arts, grand papier. — Ouvrages sur la musique. — Livres sur la gravure, la peinture, la sculpture, la tapisserie. — Livres de Géographie, de Topographie et recueils de Voyages. — Ouvrages de Blaeu, Hogenberg, Saint Non, Sanderus, etc. — Nombreux ouvrages sur Paris, Courses de têtes et de bagues, exemplaire relié en maroquin; Du Boulay, Historia universitatis; Ordonnances de la ville de Paris, 1528; Pigafetta, Assedio di Parigi. — Ouvrages de différents genres. — Impressions elzéviriennes et de Bodoni. — Ouvrages sur le Théâtre, sur l'art héraldique. — Livres de Bibliographie. — Recueils d'ex-libris, etc., etc.

PARIS
LIBRAIRIE DAMASCÈNE MORGAND
ÉDOUARD RAHIR ET Cie, SUCCESSEURS
LIBRAIRES DE LA SOCIÉTÉ DES BIBLIOPHILES FRANÇOIS
Passage des Panoramas, 55.
1903.

ORDRE DES VACATIONS

Mercredi 22 Avril	....	Nos 123 à 189
—	....	1 à 122
Jeudi 23 Avril	....	201 à 362
—	....	190 à 200
Vendredi 24 Avril	....	423 à 544
—	....	363 à 422
Samedi 25 Avril	....	655 à 723
—	....	545 à 654

CATALOGUE

DE

LIVRES ET MANUSCRITS

Anciens et Modernes

---

1. MANUSCRITS.

1. ARISTOTE. [Commentarii in logicam Aristotelis]. *S. l. n. d.*, pet. in-fol. de 153 ff., velours violet.

Manuscrit du XVe siècle sur papier, écrit à 2 colonnes. Il est remarquable par son premier feuillet, très orné, contenant l'intitulé : *Circa initium totius topices...* avec de grandes lettres peintes à l'aquarelle et ses nombreuses initiales à la plume.

Au 84e feuillet on lit la signature : Guillelmus de Bougainville. Est-ce le nom de l'auteur de ce commentaire, ou celui du calligraphe ?

De la bibliothèque du Collège des Jésuites de Paris.

Lettre jointe de M. Léopold Delisle.

2. ARRÊTS rendus aux audiances publiques et à la Tournelle de Dijon (1751 à 1754). — Abrégé de l'histoire du droit français par M. Davot, avocat au Parlement de Bourgogne. *S. l. n. d.* (*XVIIIe siècle*). En un vol. in-fol., veau.

Manuscrit sur papier d'environ 400 pages.

3. CARTA EXECUTORIA de hidalguia. (Arrêt de maintenue de noblesse et injonction de l'arrêt pour Don Francisco Sanchez Hidalgo de la Ville de Valverde de Merida, rendus à Grenade en 1558 et en 1600). 1600, in-fol. de 96 ff., veau fauve, riches dorures, tr. dor. (*Rel. anc.*)

Manuscrit sur VÉLIN orné de 4 grandes miniatures et de 24 grandes lettres majuscules.

Dans l'une des peintures la famille de Sanchez Hidalgo aux pieds de la Vierge ; dans une autre, beau portrait du roi Philippe III.

Curieuse reliure assez bien conservée.

4. CARTA EXECUTORIA de hidalguia. (Arrêt de maintenue de noblesse pour Don Francisco Eugenio de Porras de la ville de Ocaña, rendu à Grenade en 1617). 1617, in-fol. de 77 ff., basane, dorures, tr. dor. (*Rel. anc.*)

Manuscrit sur VÉLIN orné de deux grandes miniatures, la première représentant Don Francisco de Porras et sa mère devant l'Autel de la Vierge et l'autre les armoiries de Porras. Dans l'une des miniatures, très beau portrait du roi Philippe III.

La reliure, un peu fatiguée, est encore accompagnée d'un sceau retenu par une cordelière.

5. CARTA EXECUTORIA de hidalguia. (Arrêt de maintenue de noblesse rendu à Grenade, le 18 juin 1633 sous Philippe IV, pour Don Juan don Francisco et Don Fernando Ramirez de la Trapera, de la ville de Ubeda). 1633, in-fol. de 62 ff., velours rouge, tr. dor. (*Rel. anc.*)

Beau manuscrit sur VÉLIN orné de 2 grandes miniatures, 4 miniatures de moyenne dimension et 17 grandes lettres majuscules.

Les 2 grandes peintures représentent les membres de la famille Ramirez de la Trapera agenouillés au pied de la Vierge, et les armoiries de cette famille.

Dans l'une des lettres majuscules, le portrait du roi Philippe IV.

6. CARTA EXECUTORIA de hidalguia. (Arrêt de maintenue de noblesse de la famille de Don Francisco Roque de Nueva et Tapia rendu le 6 novembre 1668). 1668, in-fol. de 94 ff., velours rouge.

Manuscrit sur VÉLIN orné de deux grandes miniatures et de nombreuses têtes de chapitres. Dans l'une des miniatures, Don Francisco Roque et sa famille aux pieds de la Vierge.

7. CARTA EXECUTORIA de noblesse. (Titres de noblesse de Don Diego et Don Louis Vasquez de Avila de Medellin, établis le 30 mars 1702, par Joseph Alfonso de Guerra, roi d'armes). 1702, pet. in-fol. de 16 ff., velours rouge. (*Rel. anc.*)

Manuscrit sur VÉLIN orné d'un très beau frontispice avec les portraits des rois Charles II et Philippe V. Grande planche d'armoiries et encadrements à la plume à chaque page.

8. CARTA EXECUTORIA de nobleza. (Titres de noblesse de la famille Don José Miguel Garcia Urrechua, Gavarria de la Torre, Abrugaray y Gutierrèz de Cadix, établis par Don Francisco de la Carrera, roi d'armes). 1823, pet. in-fol., mar. rouge, dent., tr. dor. (*Rel. anc.*)

Manuscrit sur VÉLIN, orné d'armoiries, d'un tableau généalogique et de bordures. Jolie reliure.

9. CHANSONS. Recueil de chansons. *S, l. n. d.*, in-4 de 68 ff., demi-rel.

Manuscrit sur papier du commencement du XVIIe siècle contenant de nombreuses chansons choisies parmi les plus curieuses et les plus en vogue à l'époque.

Ce manuscrit est l'œuvre d'un habile calligraphe qui a signé son travail des initiales R. M. K. Non content d'utiliser pour le texte divers genres d'écritures, il a orné le volume de fleurons, d'écussons, de lettres, de titres exécutés avec habileté à la plume et à l'aquarelle.

Plusieurs chansons ont été écrites sous forme de nœuds d'entrelacs à l'intérieur de grands fleurons très ornés.

Ex-libris du baron J. PICHON.

10. CHANSONS. Recueil de Chansons historiques, érotiques et satiriques. *S. l. n. d.*, en un vol. in-fol., veau brun.

Manuscrit sur papier exécuté au XVIIe siècle, comprenant 456 feuillets, d'une bonne écriture. La première chanson est celle de l'*Entrée du roy Louis XIII, après la prise de La Rochelle.*

Ces chansons satyriques sur les événements, les divers personnages de la cour et de la ville sont souvent accompagnées des airs notés. Un certain nombre seraient dignes de figurer dans le *Parnasse satyrique.*

11. Château d'Issy. Maison dite du Petit Olympe. Etat au vray de tout ce qui est dû par la Reine Marguerite au Sr de La Haye, tant pour achat de sa maison sise à Issy dite le petit Olympe et ses appartenances, des batiments et améliorations faites à ycelles. Autres états et mémoires, roolles des noms des ouvriers qui ont travaillé à la dite maison et prix des journées payés à chacun d'eux. — Etat des dépenses faites par la Royne en sa maison de l'Olympe à Issy, etc. *S. l. n. d.*, in-fol., cart. toile.

Très curieux recueil manuscrit du commencement du xviie siècle comprenant un certain nombre de pièces relatives au Château d'Issy, maison dite le *Petit Olympe,* appartenant à la reine Marguerite, femme de Henri IV.

On y a joint un certain nombre de plans et figures ou est représenté le château d'Issy.

De la bibliothèque de A. Bonnardot.

12. Ciel natal. *S. l.* (1606), pet. in-8 de 14 ff. dont un blanc, velours vert. (*Rel. anc.*)

Manuscrit sur papier, de la fin du xvie siècle. Il contient l'horoscope de la reine Marguerite de Valois. Le volume est dédié « A la Royne Marguerite » par « le tres humble et tres obeissant serviteur de sa bonté Williencourt ». Le manuscrit renferme divers titres et initiales en lettres d'or et quelques ornements avec rehauts d'aquarelle.

13. Coran. *S. l. n. d.*, in-8, mar. rouge à recouvrements en forme de portefeuille, compartiments peints et dorés. (*Rel. anc.*)

Beau manuscrit du XVIIIe siècle sur papier de riz. Il est orné de deux belles peintures aux premiers feuillets, d'une bordure en or à chaque feuillet, d'ornements dans les bordures, etc. Conservation parfaite.

14. Coypel (Charles). Théâtre de Charles Coypel. *S. l. n. d.*, 3 vol. pet. in-fol., veau fauve, dos orné, dent., tr. marbrée. (*Thouvenin.*)

Manuscrit sur papier du XVIIIe siècle. Ch. Coypel, l'auteur des 21 comédies et tragédies contenues dans ces volumes, n'est autre que le peintre célèbre du XVIIIe siècle ; il avait composé ces pièces pour la Cour et pour des théâtres de société ; la plupart ont été jouées, mais aucune n'a été imprimée.

Parmi les pièces contenues dans ces volumes, citons : *L'École des pères; le Triomphe de la Raison; la Capricieuse ; le Danger des richesses ; les Bons procédés ; les Désordres du jeu ; la Force de l'exemple ; le Talent ; les Tantes ; les Trois frères ; les Captifs ; la Soupçonneuse ; la Vengeance honnête ; les Jugements téméraires, etc.*

15. Créations du Colleige des Notaires et Secrétaires du Roy et maison de France. Previlleiges dons et octroys faictz par les Roys de France a icelluy colleige. *S. l. n. d.*, in-4 de 105 ff., velours vert, tr. dor. (*Rel. anc.*)

Très beau manuscrit du XVIe siècle sur vélin admirablement calligraphié.

Les *Déclarations, Extraits des registres du Parlement, du Grand Conseil du Roy, Arrêts*, etc. contenus dans ce volume sont classés chronologiquement depuis un édit de Charlemagne jusqu'à un *Arrêt du parlement de Toulouse du 20 décembre 1543.*

Le volume est orné en regard du premier feuillet d'une très belle miniature représentant des armoiries (d'azur au chevron d'or, accompagné en chef de deux étoiles de même et en pointe d'un besant d'argent), peintes sur un fond d'azur étoilé et comprises dans une bordure de feuillages ; chaque chapitre débute par une jolie lettre ornée accompagnée de fleurs et de feuillages, peinte sur fond d'or.

De la bibliothèque du chancelier d'AGUESSEAU.

16. DESGODETS. Traité du Toisé des Batiments aux us et coutume de Paris. Expliqué en l'Académie Royalle d'Architecture par M. Desgodets. *S. l. n. d.*, ms. in-4, réglé, de 3 ff. lim., 203 pp. et 18 pl., mar. vert, dos orné, dent., tr. dor. (*Rel. anc.*)

Manuscrit du XVIIIe siècle recouvert d'une jolie reliure de la même époque décorée d'une large dentelle de fleurs et de feuillages.

17. DROICTZ d'armes (Cy sensuit de parler des) en fait de saufconduyt et treves. De marques et puis de champ de bataille. *S. l. n. d.*, in-4, veau brun estampé, fermoirs. (*Rel. anc.*)

Manuscrit du XVIe siècle sur papier, comprenant 61 feuillets.

Il traite successivement des sauf-conduits, dans quels cas la guerre est juste, comment le combat doit être réglé, de quelle manière les gentilshommes doivent s'y comporter ; ensuite des champs clos, de la manière de les former, des armoiries, de la façon dont les écus doivent être portés, etc.

Ex-libris du marquis de QUEUX DE SAINT-HILAIRE.

18. EPISTOLÆ ET EVANGELIA per annum. *S. l. n. d.*, pet. in-fol. de 178 ff., le dernier blanc, velours vert, milieux de métal, fermoirs.

Manuscrit sur VÉLIN du XIVe siècle, écrit en grosses lettres de forme, les titres de chapitres en rouge. Il est orné d'une quantité de lettres ornées très curieuses, quelques-unes avec personnages, saints et saintes.

Outre les parties des Epîtres et Evangiles à lire les dimanches et jours de fête, le volume contient aussi divers chapitres tirés de l'Ancien testament. A la fin une épître avec la musique notée.

Sur le dernier feuillet on lit : sec. soror. sce. Agnetis ; ce manuscrit ayant été exécuté pour une communauté religieuse.

19. FARCE joyeuse et proffitable a un chacun contenant la ruse, meschanceté, et obstination, d'aucunes femmes par personnages. *S. l.*, 1596, in-8, mar. rouge, dent., tabis, tr. dor. (*Rel. anc.*)

Copie manuscrite exécutée en fac-similé sur VÉLIN, par Fyot.

20. INSTITUTIO ORDINIS GARTERII in Anglia. — Institutio ordinis beati Michælis in Gallia. *S. l. n. d.*, in-4 de 74 ff. dont 4 blancs, mar. noir, double rangée de fil., tr. dor. (*Rel. anc.*)

Beau manuscrit du XVIe siècle, sur VÉLIN, exécuté en France pour PHILIPPE II, roi d'Espagne.

Le volume comprend deux parties, la première en 18 ff. pour l'Institution et les statuts de l'Ordre de la Jarretière, la deuxième en 46 ff. pour l'institution et les statuts de l'Ordre de Saint-Michel. Le texte de ces deux traités est en français.

Le volume est illustré de 4 armoiries parfaitement peintes en miniature et de nombreuses lettres ornées dont 3 avec décorations de fleurs et de fruits.

La reliure est ornée de deux médaillons avec inscriptions, la première avec le titre de l'ouvrage, la seconde ainsi libellée : D. PHILIPPO *Hispaniarum et Angliæ regi anno MDLVI.* [1556].

De la bibliothèque du Chancelier d'AGUESSEAU.

21. LEBLANC (Ch.). Calendrier poétique. *S. l. n. d.* (*Paris, vers* 1840), pet. in-4, mar. La Vallière, plats dorés, tr. dor.

Suite de 13 charmants dessins originaux exécutés à l'aquarelle et à la gouache par *Ch. Leblanc.* Ils sont compris dans des encadrements et portent au bas un quatrain calligraphié en caractères gothiques.

Riche reliure.

22. LIVRE des Recettes pour guérir diverses maladies. *S. l. n. d.* (1691), in-4 réglé de 169 ff., veau fauve, fil. à la Du Seuil, tr. dor., fermoirs. (*Rel. anc.*)

Manuscrit sur papier, contenant diverses recettes médicales et pharmaceutiques. Manière de préparer les baumes et parfums, etc.

Reliure aux armes de Madame de MONTESPAN.

23. LULLY. Recueil des airs, préludes et ritournelles de violon des Opéras de feu Mr de Lully. *Escrit par Dupont à Paris,* 1694, 2 vol. in-fol., mar. rouge, dos orné, double rangée de fil., tr. dor. (*Rel. anc.*)

Manuscrit sur papier, avec musique notée, très bien calligraphié. Il se compose des deux parties *Dessus* et *Basse.*

Belle reliure aux armes de Hilaire ROUILLÉ DU COUDRAY, conseiller d'État et bibliophile distingué.

24. MISSÆ geometrica demonstratio per figuras. *S. l. n. d.*, in-4, vélin.

Manuscrit sur VÉLIN du XVe siècle comprenant 26 dessins géométriques expliquant la Messe.

25. NESSON (Pierre de). [Œuvres poétiques de Pierre de Nesson]. *S. l. n. d.*, pet. in-fol. de 57 ff., mar brun, milieux et fil. à froid, tr. dor. (*Allô.*)

Manuscrit sur papier du XVe siècle. Il comprend les deux poèmes qui soient connus de Pierre Nesson, poète de la fin du XIVe siècle et du commencement du quinzième, attaché à Jean Ier duc de Bourbon, puis à sa femme Marie de Berry.

Le premier poème est connu sous les titres de *Vigilles des Morts, Paraphrases de Job* et *Leçons de Job.* Il se compose de 279 sixains et a été imprimé séparément à la fin du XVe siècle sous le titre de *Vigille des Morts.*

Le second poème a pour titre de départ : *Ensuit une Oraison en forme de petition et demande à la très sacrée glorieuse Vierge Marie ;* il comprend 283 vers et a été imprimé séparément au XVe siècle sous le titre : *Supplication à Nostre-Dame.*

Ce manuscrit porte sur la première page les armoiries de NESSON ; il a donc été fait pour lui-même ou pour quelqu'un de sa famille ; ces armoiries sont poussées sur les plats du volume.

26. Nicolet. Scènes de la vie intime et publique des insectes. Suite de seize aquarelles de H. Nicolet. *Paris, vers* 1840, in-4, chagrin rouge.

Très jolies aquarelles dans lesquelles sont représentés de nombreux insectes, peints avec une délicatesse exceptionnelle, dans des scènes humoristiques ou familières, Patinage ; Chasse ; le Médecin consultant ; l'Orage ; Scènes conjugales ; les Phrenologistes ; Café à Insectopolis, etc.

27. Officium beatæ Virginis secundum curia [Romanæ]. *S. l. n. d.*, pet. in-8, basane.

Petit manuscrit italien de la fin du XIVe siècle, comprenant 64 feuillets sur vélin, orné de cinquante-sept bordures formées par des ornements où entrent un grand nombre de figures grotesques se rattachant à autant de lettres historiées sur fonds d'or, dont la plupart donnent, en buste, la représentation de la Vierge et des Saints, et aussi de personnages civils et religieux.

Ex-libris Gélis-Didot.

28. Oudry. Réflexions sur la manière d'étudier la couleur, en comparant les objets les uns aux autres, par Mr Oudry. — Réponse au présent discours par Mr Coypel. — Discours sur la pratique de la peinture, et ses trois procédés principaux, ébauches, peindre à fond et retouches, par Mr Oudry. *S. l. n. d.* (1749), in-4, mar. bleu, dos orné, dent., tr. dor. (*Rel. anc.*)

Manuscrit sur papier de 56 feuillets. Riche reliure.

Le même volume renferme : *Pratique universelle de la peinture en mignature, par l'explication du livre de fleurs et d'oyseaux de feu Nicolas Robert*, ms. de 52 ff.

Ex-libris du baron J. Pichon.

29. Principes sur la Sphère. Où l'on traitera d'abord du systhème de Ptolomée, et ensuite de celui de Copernic ; avec quelques notions abrégées sur l'Astronomie. *S. l.*, 1765, in-8 de 152 pp., mar. rouge, dos orné, fil., tr. dor. (*Rel. anc.*)

Manuscrit d'une bonne écriture.

30. Processionnaire selon l'usage de l'ordre de S. Dominique. *S. l., pour Dame Marie le grand*, 1621, pet. in-4 de 65 ff., veau, dent., angles ornés, tr. dor. (*Rel. anc.*)

Manuscrit sur vélin du XVIIe siècle d'une bonne écriture. Musique notée pour toutes les Oraisons.

Grandes et belles lettres ornées sur fond d'or.

Jolie reliure bien conservée avec bordures, milieux et inscriptions où se retrouve le nom de Dame Marie Delecroix et la date 1623.

31. Recueil de pièces en vers et en prose de Laclos, Beaumarchais, etc. *S. l. n. d.*, in-4, mar. rouge, dos orné, fil., tr. dor. (*Rel. anc.*)

Manuscrit sur papier du XVIIIe siècle.

La Nouvelle manière de prendre les oiseaux ; le Confesseur de la beauté ; bouts-rimés, contes, épigrammes, etc.

A la fin nombreuses feuilles de papier blanc.

Ex-libris de Pixerécourt.

32. [Règles de la Confrérie pour la délivrance des âmes du purgatoire établie à Valladolid en Espagne]. *Valladolid, XVIe siècle*, in-4, ais de bois recouverts de veau fauve, ornements en métal. (*Rel. anc.*)

Manuscrit espagnol sur vélin d'une belle écriture. Commencé dans les premières années du XVIe siècle, il contient à la fin diverses ordonnances relatives à la même confrérie, d'une date postérieure.

Trois pages sont comprises dans de larges et belles bordures avec fleurs, fruits, oiseaux et personnages fantastiques. Ces bordures peuvent être rapprochées des beaux ouvrages faits en Hollande, dans le même temps, dans ce genre d'ornementation.

La reliure originale qui recouvre ce volume est très curieuse ; elle porte sur les plats divers ornements allégoriques en bronze représentant des croix de Saint-André, des hommes dans les flammes, des images symboliques, etc., etc. Cette reliure, qui date du XVIe siècle, est bien conservée.

33. Statuti (Il libro de gli) et ordinationi dell' ordine di San Michele fondato per lo Cristianissimo Re di Francia Luigi undecimo di questo nome. *S. l. n. d.*, in-4, mar. rouge, riches dorures, tr. dor. (*Rel. anc.*)

Manuscrit sur vélin du XVIe siècle contenant la traduction italienne des *Statuts de l'Ordre de Saint-Michel.*

Riche reliure italienne avec bordures d'entrelacs, flammes, fleurons et emblèmes. Au milieu du premier plat un écusson représentant Saint-Michel, au milieu du second plat les armoiries d'un membre de l'Ordre.

34. Tragédies et comédies du dix-huitième et du commencement du XIXe siècle. 8 vol. in-4, demi-rel. dos et coins de mar. rouge.

Copies manuscrites sur papier destinées à la présentation au visa ou à la représentation. *Deuterie ; Gonzalve de Cordoue ; Lucrèce,* tragédies. — *La Générosité sans exemple,* drame. — *L'Aveugle par crédulité ; les Bâtons flottants,* comédies. Un des volumes est intitulé : *Règles de la tragédie.*

Signature autographe de Crébillon à la fin d'un des volumes.

35. Vadé. L'Arrivée de Mlle Ango et l'Histoire de Manon Giroux par Mr Vadé. *Ecrit sous les Piliers des Halles, en Janvier* 1773, in-12, mar. rouge jans., doublé de mar. citron, fil., tr. dor. (*Lortic.*)

Très joli manuscrit sur vélin comprenant 10 ff. Chaque feuillet est dans un cadre formé de filets bleu, or et rouge. Titres de départ et lettres ornés. Le manuscrit a été parfaitement calligraphié par V. Bouton, véritable émule de Jarry.

Les deux pièces de Vadé sont écrites en argot des Halles ou langage poissard.

2. BEAUX-ARTS ET ARTS DIVERS.

36. **AMEUBLEMENT.** DEVILLE (J.). Dictionnaire du Tapissier, critique et historique de l'Ameublement français, par J. Deville. *Paris*, 1878-1880, 2 vol. in-4, 124 pl. en couleurs, demi-rel. chagrin rouge.

37. HAVARD (H.). L'Art dans la Maison. (Grammaire de l'Ameublement), par Henri Havard. Illustrations de MM. Corroyer, C. David, E. Bayard, etc. *Paris*, *Rouveyre*, 1884, gr. in-4, front. et pl. en noir et en couleurs, demi-rel. dos et coins de mar. brun, tête dor., *non rogné*. (*Rousselle*.)

Un des 100 exemplaires imprimés sur PAPIER VERGÉ avec les planches hors texte en double état, avec et AVANT LA LETTRE.

38. JACQUEMART (A.). Histoire du Mobilier, recherches et notes sur les objets d'art qui peuvent composer l'ameublement et les collections de l'homme du monde et du curieux, par Albert Jacquemart. *Paris*, *Hachette et Cie*, 1876, in-8, demi-rel. dos et coins de mar. rouge, tête dor., *non rogné*.

PREMIER TIRAGE. Figures de *Jules Jacquemart*.

39. LOUANDRE. Les Arts somptuaires. Histoire du costume et de l'ameublement et des arts et industries qui s'y rattachent. Dessins de Ciappori. *Paris*, *Hangard-Maugé*, 1857-1858, 4 tomes en 3 vol. in-4, pl. en couleurs, cart., *non rognés*.

Très bel ouvrage orné de plus 300 planches en couleur.

40. VIOLLET-LE-DUC. Dictionnaire raisonné du Mobilier français de l'époque Carlovingienne à la Renaissance, par Viollet-le-Duc. *Paris*, *Bance et Morel*, 1858-1875, 6 vol. in-8, fig., mar. rouge jans., tête dor., *non rognés*.

Exemplaire tiré sur GRAND PAPIER VÉLIN de cet ouvrage estimé. Très rare. Très belle reliure.

---

41. ARCHÉOLOGIE et Histoire. Ouvrages divers. 1812-1817, 13 pièces en un vol. in-8, veau fauve, tr. peigne.

Les Martinales, par A. L. Millin. — Description du Château d'Anet. — Mémoire sur les bas-reliefs qui décorent les murs de Notre-Dame. — Mémoires relatifs à la Provence, par F. de Saint-Vincens, etc., etc.
Joli recueil.

42. Archéologie. Ouvrages divers. 1757-1861, 8 vol. in-4 et in-8, cart. et *brochés*.

Explication d'un manuscrit Egyptien avec gravures, par Al. Lenoir. — Recherches sur les monuments Cyclopéens, par Petit-Radel. — Archéologie chrétienne, par l'abbé Bourassé. — Dictionnaire des Antiquités romaines et grecques, par Ant. Rich, etc.

43. ARCHITECTURE. Alberti (L. B.). [Leonis Baptistæ Alberti de re ædificatoria opus elegantissimum et quæ maxime utile]. (In fine :) *Florentiæ accuratissime impressum opera Magistri Nicolai Laurentii Alamani, anno* 1485, pet. in-fol. de 204 ff. à 33 et 34 lignes par page, cart.

Édition originale. Un des plus anciens ouvrages publiés sur l'architecture. Notes manuscrites dans les marges. Quelques mouillures.

44. Alberti (L. B.). L'Architecture et art de bien Bastir du seigneur Léon Baptiste Albert, gentilhomme Florentin, divisée en dix livres, traduicts de latin en françois, par deffunct Jan Martin, Parisien. *Paris, Kerver*, 1553, in-fol., portr. et pl., veau.

Orné de nombreuses et belles figures très bien gravées sur bois. Bel exemplaire.

45. Architecture. Ouvrages divers. 1645-1857, 6 vol. et brochure in-4 et in-8, vélin, veau et *brochés*.

Dispareri in materia d'Architettura et Prospettiva, di M. Bassi, fig. — Traicté des cinq Ordres d'Architecture par Le Muet, fig. — Architecture pratique, par Bullet. — Des principes de l'Architecture, de la Sculpture, etc. par Félibien, etc.

46. Architecture religieuse, 1825-1843, 4 vol. in-8, cart. et *broché*.

Essai sur l'Architecture religieuse du Moyen-Age, par de Caumont. — Les Cathédrales de France, par l'abbé Bourassé. — Les Églises gothiques. — Architecture religieuse, manuscrit de P. M. E. Herbette.

47. Aviler (D'). Cours d'Architecture qui comprend les Ordres de Vignole, avec des commentaires, les figures et les descriptions de ses plus beaux bâtimens, et de ceux de Michel-Ange, des instructions et des préceptes... et généralement tout ce qui regarde l'Art de bastir ; par le sieur C. A. d'Aviler. Nouvelle édition enrichie de nouvelles planches et revue et augmentée par P. J. Mariette. *Paris, Jombert*, 1760, in-4, front. et pl., veau.

Orné de plus de 100 planches, modèles de décorations des époques Louis XIV et Louis XV.

48. Bérain (J.). Ornemens inventez par J. Berain. *Et se vendent (à Paris), chez Monsieur Thuret, aux Galleries du Louvre, s. d.* (1663-1710), in-fol., pl., vélin.

Exemplaire contenant 64 planches.
Quelques taches et déchirures.

49. Bérain (J.). Cent planches principales de l'œuvre complet de Jean Bérain. 1649-1711. *Paris, A. Quantin, s. d.*, in-fol., pl., en carton.

50. Blondel (J. F.). Architecture françoise, ou Recueil des Plans, Elévations, Coupes et Profils des Eglises, Maisons Royales, Palais, Hôtels et Edifices les plus considérables de Paris, ainsi que des Châteaux et Maisons de plaisance situées aux environs de cette Ville, où en d'autres endroits de la France, bâtis par les plus célèbres Architectes. Avec la description de ces Edifices, par J. F. Blondel. *Paris, Jombert,* 1752-1756, 4 tomes en 2 vol. in-fol., fig., cart., *non rognés.*

Ces volumes contiennent le texte seul de l'ouvrage de Blondel. Manque le titre du tome Ier.

51. Blondel (J. F.). De la Distribution des Maisons de Plaisance et de la décoration des Edifices en général. Par J. F. Blondel. Ouvrage enrichi de cent soixante planches en taille-douce, gravées par l'auteur. *Paris, chez C. A. Jombert,* 1737-1738, 2 vol. in-4, front. et pl., veau.

Cet ouvrage orné, outre les planches hors texte, d'en-têtes et culs-de-lampe, renferme de nombreux et excellents modèles de décoration dans le style Louis XV.

Exemplaire dans lequel le texte et les planches ont été reliés séparément.

52. Boussard (J.). L'Art de bâtir sa Maison par J. Boussard. *Paris, s. d.*, gr. in-8, front. et pl., *broché.*

On y joint : Histoire d'une Maison, par Viollet-le-Duc. *Paris, Hetzel, s. d.*, in-8, fig., demi-rel.

53. Bullant (Jean). Reigle generalle d'Architecture des cinq manières de colonnes, à scavoir, Tuscane, Dorique, Ionique, Corinthe et Composite, a l'exemple de l'antique suivant les reigles et doctrine de Vitruve. Au prouffit de tous ouvriers besongnans au compas et à l'esquierre. A Escoüen par Jean Bullant. *Paris, impr. de H. de Marnef et G. Cavellat,* 1564, in-fol., pl., cart.

Première édition ornée de figures gravées sur bois d'après les dessins du célèbre architecte de la Renaissance. Rare.

54. Bullant (Jean). Reigle generalle d'Architecture des cinq manières de colonnes. Reveue et corrigee par Monsieur de Brosse. Seconde et dernière édition. *Paris, A. Sittart,* 1619, in-fol., pl., cart.

Nouvelle édition revisée par de Brosse, l'architecte du Luxembourg.

55. Chambers. Desseins des édifices, meubles, habits, machines et ustenciles des Chinois. Gravés sur les originaux dessinés à la Chine par M. Chambers. Auxquels est ajoutée une description de leurs temples, de leurs maisons, de leurs

jardins, etc. *Londres, impr. de J. Haberkorn*, 1757, in-fol., pl., veau.

21 planches gravées par *Fourdrinier, Grignion,* etc. Le bas du titre est coupé.

Beaux modèles de vases et de meubles en bambou.

56. Derand (Fr.). L'Architecture des voutes, ou l'art des traits, et coupe des voutes. Traicté très util, voire nécessaire a tous architectes, Maistres Massons, Appareilleurs, par le R. P. François Derand. *Paris, Sébastien Cramoisy*, 1643, in-fol., pl., mar. rouge, fil. à la Du Seuil, tr. dor. (*Rel. anc.*)

Beaux modèles de cartouches sur chaque planche.

Bel exemplaire aux armes de La Ballue, Conseiller au Parlement de Paris.

57. Diego de Sagredo. Medidas del Romano necessarias a los oficiales que quieren seguir las formaciones de las Basas, Colunas, Capiteles y otras pieças de los edificios antiguos. *En Toledo, en casa de Remon de Petras*, 1526, in-4 goth. de 38 ff., demi-rel. vélin.

Première et très rare édition de ce traité d'architecture.

Les curieuses figures gravées sur bois sont accompagnées d'explications en xylographie.

58. Daly (César). L'Architecture privée au XIXe siècle par César Daly. *Paris, Ducher*, (1864-1877), 8 vol. pet. in-fol., en cartons.

Trois séries : Hôtels privés, Maisons à loyer, Villas, Maisons de campagne, Décorations intérieures et extérieures, Décorations peintes.

Ensemble 575 planches dont beaucoup en couleurs.

59. Daly (César). Motifs historiques d'architecture et de sculptures d'ornement, par M. César Daly. *Paris, Ducher et Cie*, 1880-1881, 4 vol. in-fol., pl., en cartons.

Décorations extérieures, 2 vol. — Décorations intérieures, 2 vol.

Ensemble 397 planches.

60. De Lorme (Philibert). Le Premier tome de l'architecture de Philibert de l'Orme. *Paris, Fédéric Morel*, 1567, in-fol., fig., vélin à recouvrements.

Très-bel exemplaire de la première édition de cet excellent ouvrage renfermant les détails les plus importants sur de nombreux édifices français.

On y joint : Nouvelles inventions pour bien bastir et a petits fraiz, trouvées naguères, par Philibert de l'Orme Lyonnais. *Paris*, 1561, pet. in-fol., fig., vélin.

Cet ouvrage, complément de celui qui précède, est aussi en première édition.

61. De Lorme (Philibert). Nouvelles inventions pour bien bastir et à petits fraiz, trouvées naguères par Philibert de L'Orme. *Paris, Fédéric Morel*, 1561, in-fol., pl., vélin.

Ce volume, le premier publié par le célèbre architecte, fut ensuite réuni à son traité sur l'architecture.

62. DESTAILLEUR. Recueil d'Estampes relatives à l'Ornementation des Appartements aux XVIe, XVIIe et XVIIIe siècles, publiées par M. H. Destailleur, gravées en fac-simile d'après les compositions de Du Cerceau, Lepautre, Bérain, D. Marot, E. Delaulne, Boulle, Marot, Oppenord, La Londe, Forty, etc. *Paris, Rapilly*, 1871, 2 vol. in-fol., *en feuilles* dans 2 cartons.

Orné de 144 planches gravées en taille-douce.

63. DU CERCEAU (Androuet). Le Premier [et le second] volume des plus excellents bastiments de France. Auquel sont désignez les plans de quinze Bastiments et de leur contenu; ensemble les elevations et singularitez d'un chacun. Par Jacques Androuet, du Cerceau, Architecte. *Paris*, 1576-1579, 2 tomes en un vol. in-fol., veau.

PREMIÈRE ÉDITION de cet important ouvrage orné de 133 planches gravées à l'eau-forte d'après les dessins de *Du Cerceau*.

Quelques planches portent deux ou plusieurs sujets.

Exemplaire de M. DU SOMMERARD fortement mouillé, avec plusieurs planches remontées.

64. DU CERCEAU. Livre des Édifices antiques romains, contenant les ordonnances et desseings des plus signalez et principaux bastiments qui se trouvoient à Rome du temps qu'elle estoit en sa plus grande fleur. *S. l.* (*Paris*), 1584, in-fol., pl., veau.

PREMIÈRE ÉDITION ornée de 48 planches gravées à l'eau-forte.

Le même volume contient les ouvrages suivants du même auteur :

1° *Leçons de perspective positive.* Paris, 1576, 60 pl. (Première édition).

2° *Livre d'architecture auquel sont contenues diverses ordonnances de bastiments pour Seigneurs qui voudront bastir aux champs.* Paris, 1615, 38 pl.

3° *Livre d'architecture contenant les plans et desseings de cinquante bastiments tous différents.* Paris, 1611, 69 pl.

Reliure aux armes et chiffres de Henri de CAUMONT.

65. DU CERCEAU. Leçons de perspective positive, par Jacques Androuet Du Cerceau, architecte. *A Paris, par Mamert Patisson, imprimeur*, 1576, pet. in-fol. de 12 ff. lim. dont un blanc et 60 pl. gravées à l'eau-forte, vélin.

PREMIÈRE ÉDITION.

66. GUICHARD. Dessins et Décoration des principaux Maîtres. Quarante planches réunies et reproduites sous la direction de M. Ed. Guichard. *Paris, Quantin*, 1881, in-fol., pl., *en feuilles* dans un carton.

67. ISABELLE (E.). Les Édifices circulaires et les Dômes, classés par ordre chronologique et considérés sous le rapport de leur disposition, de leur construction et de leur décoration. *Paris, F. Didot frères*, 1855, in-fol., 78 pl., demi-rel. chagrin bleu, tête dor.

68. JONES (Inigo). The Designs of Inigo Jones, consisting of

Plans and Elevations for public and private buildings. Published by William Kent, with some additional designs. *London, printed for Benj. White*, 1770, 2 tomes en un vol. in-fol., front. et pl., veau marbr., fil., tr. dor. (*Rel. anc.*)

Bel exemplaire de cet ouvrage orné d'un frontispice et de 137 planches représentant divers édifices élevés en Angleterre, particulièrement à Londres.

69. Jousse (M.). Le Théatre de l'art de Charpentier, enrichi de diverses figures avec l'interprétation d'icelles. Fait et dressé par Mathurin Jousse, de la Flèche. *La Flèche, Vve G. Griveau*, 1664, in-4, pl., mar. rouge, double rangée de fil., tr. dor. (*Rel. anc.*)

Reliure avec armoiries.

70. Krafft. Plans des plus beaux Jardins pittoresques de France, d'Angleterre et d'Allemagne. (*Paris*, 1809), in-4 obl., pl., cart., *non rogné*.

Frontispice et 96 planches gravées par *Boullay, Barrois, Gossard*, etc. Manque 5 planches.

71 Laborde (Al. de). Description des Nouveaux Jardins de la France et de ses anciens châteaux, mêlée d'observations sur la vie de la campagne et la composition des jardins, par Alexandre de Laborde. Les dessins par C. Bourgeois. *Paris, impr. Delance*, 1808, in-fol., cart., *non rogné*.

Orné de 4 plans et de 130 pl. de châteaux et jardins par *C. Bourgeois*.

72. Lacroix. Constructions en briques. La Brique ordinaire au point de vue décoratif par J. Lacroix. Texte par C. Detain. *Paris, Ducher et Cie*, 1878, pet. in-fol., dans un carton.

Orné de 75 planches en couleurs.

73. Le Muet (Pierre). Manière de bien bastir pour toutes sortes de personnes, par P. Le Muet, architecte ordinaire du Roy, et conducteur des desseins des fortifications de sa Majesté. Reveue, augmentée et enrichie en cette édition de plusieurs figures des plus beaux bastimens et édifices de France. Divisée en deux parties. *Paris, Fr. Jollain*, 1681, 2 part. en un vol. in-fol., front. et pl., demi-rel.

2 front. et 105 planches. Mouillures.

Les *Augmentations* comprennent 31 planches en taille-douce représentant les châteaux de Pontz en Champagne, de Tanlay, de Chavigny en Touraine, etc.

Belles planches d'ornementation dans le style du XVIIe siècle.

74. Le Pautre. Œuvre de Jean Le Pautre. *Paris, s. d.* (*XVIIe siècle*), 2 vol. in-fol., demi-rel. dos et coins de mar. rouge.

200 planches de frises, plafonds, panneaux, cheminées, décoration intérieures, etc., montées sur papier fort.

75. Oya (Sébastien d'). Thermæ Diocletiani Imp. quales hodie etiamnum extant, in lucem eductæ industria autem et incredibili labore Sebastiani ab Oya... *Hieronymus Coccius, Antverpianus,... in æs incidebat impressasque curabat, Antverpiæ*, 1558, in-fol. oblong, pl., vélin.

Ce volume d'une rareté extrême (Brunet cite seulement les exemplaires de Mariette et de de Cotte) comprend une série de 20 planches, reproductions des Thermes de Dioclétien, publiées par *H. Cock*, d'après les dessins de l'architecte espagnol *Sebastianus ab Oya*.

Ces planches sont précédées d'un texte imprimé sur 2 feuilles dont le v° est blanc.

Le même volume renferme 6 pl. diverses, parmi lesquelles un plan de Rome au XVIe siècle, une vue du château St-Ange, des Arènes antiques, etc.

76. Palladio (André). Les quatre livres de l'Architecture d'André Palladio mis en françois (par Roland Fréart, sieur de Chambray), dans lesquels il parle de la construction des maisons particulières, des grands chemins, des ponts, des places publiques, etc. *Paris, E. Martin*, 1650, in-fol., pl., veau.

Orné de belles figures gravées sur bois.

On y joint : Traité des cinq ordres d'architecture, traduit du Palladio par Le Muet. *Paris*, 1645, in-8 pl., veau.

Volume entièrement gravé orné de belles planches décoratives.

77. Percier et Fontaine. Recueil de Décorations intérieures, comprenant tout ce qui a rapport à l'ameublement, comme vases, trépieds, candelabres, cassolettes, lustres, girandoles, lampes, chandeliers, cheminées, fauteuils, chaises, etc., composé par C. Percier et P. F. L. Fontaine, exécuté sur leurs dessins. *A Paris, chez les auteurs au Louvre, impr. P. Didot l'aîné*, 1812, in-fol., pl., cart.

Ce volume se compose de 72 planches qui fournissent les renseignements les plus complets sur l'ornementation et la décoration sous le premier empire.

78. Queverdo. Décorations Intérieures, époque Louis XVI, Frises, Dessus de Porte, Panneaux, Attributs, etc., par Fr. M. Queverdo. Nouvelle édition sur les planches originales. Vingt planches gravées. *Paris, Morel, s. d.*, in-fol., pl., demi-rel.

79. Rusconi. Della Architettura di Gio. Antonio Rusconi, con centosessenta figure dissegnate dal medesimo, secondo i precepti di Vitruvio. *In Venetia, appresso J. Gioliti*, 1590, pet. in-fol., fig., mar. brun, fil., tr. dor. et ciselée, fermoirs. (*Rel. anc.*)

Première édition ornée de très jolies figures gravées sur bois.

Très bel exemplaire dans sa reliure originale aux armes de D. Fr. Perez Cabrera.

80. Serlio. Il primo (-il settimo) libro d'architettura di S. Serlio.

Paris, Venise et Francfort, 1545-1575, 7 part. en 2 vol. in-fol., fig., vélin.

Réunion complète des œuvres de Serlio publiées par livres séparés, la plupart en premières éditions.
Les livres 1 et 2 sont avec le texte français de J. Martin.
Très beaux exemplaires.

81. Vergnaud (N.). L'art de créer les Jardins, contenant les préceptes généraux de cet art, coupes et élévations, tracé pratique de toute espèce de jardins. Par N. Vergnaud. *Paris*, 1835, in-fol., pl., demi-rel. mar. violet. (*Rel. de l'époque.*)

Ouvrage orné de 24 planches lithographiées avec pièces de rapport représentant les plans et les vues des plus beaux et des plus célèbres jardins anglais et français. Les pp. 101 à 104 sont occupées par une *table alphabétique des auteurs français qui ont écrit sur les jardins.*

82. Vignole. Le due Regole della Prospettiva pratica di M. Jacomo Barozzi da Vignola. Con i comentarii del R. P. M. Egnatio Danti. *In Roma, nella stamparia del Mascardi*, 1644, pet. in-fol., titre gravé et fig., vélin, fil. (*Rel. anc.*)

Exemplaire de dédicace aux armes du prince Camille Panfilio, neveu du Pape Innocent X.
On y joint : Nouveau livre des cinq ordres d'architecture par J. Barozzio Vignole. *Paris, s. d.*, in-fol., *dérelié*. Titre et jolis cartouches par *Poulleau*.

83. M. Vitruvii Pollionis de Architectura libri decem. *Lugduni, apud J. Tornæsium*, 1552, pet. in-4, fig., veau brun, bandes d'ornements à froid. (*Rel. anc.*)

On y joint : 1° Philandri... in decem libros M. Vitruvii Pollionis de architectura annotationes. *Parisiis*, 1545, pet. in-8, fig., vélin.
2° Vitruvii Pollionis de architectura libri decem. *Amstelodami, apud Lud. Elzevirium*, 1649, pet. in-fol., fig., demi-rel.

84. Vitruve. Traité de l'architecture suivant Vitruve, où il est traité des cinq ordres des colomnes... divisées en sept chapitres qui enseignent leurs différentes proportions... desseignez par maistre Julien Mauclerc, sieur du Ligneron-Mauclerc,... le tout représenté en cinquante grandes planches en taille-douce... par Pierre Daret, graveur ordinaire du Roy. *Paris, P. Daret*, 1648, in-fol., pl., mar. rouge, double rangée de fil., tr. dor. (*Rel. anc.*)

Ce fut au XVIe siècle que Mauclerc, gentilhomme poitevin, composa cet ouvrage pour lequel il fit graver un certain nombre de planches par *René Boyvin* ; ces planches furent publiées pour la première fois par *Daret*.
Le volume est orné d'un portrait de Mauclerc contenu dans un portique richement orné, gravé dans la manière de *Boyvin* par un artiste qui a signé des initiales I. B., de 43 planches portant le monogramme de *René Boyvin* (Rob. Dum., n°s 184-226), et de 5 pl. par *Daret*.
Très bel exemplaire en grand papier avec les planches avant les numéros d'ordre dans le haut.

85. Vitruve. Les Dix Livres d'Architecture de Vitruve, corrigez et traduits nouvellement en françois (par Perrault), avec des

notes et des figures. *Paris, Coignard*, 1684, in-fol., fig., mar. rouge, fil., tr. dor. (*Rel. anc.*)

Belles planches sur bois et sur cuivre par *P. Lepautre, N. Pitau.* Quelques monuments de Paris sont représentés dans ces estampes.
Exemplaire aux armes de Le goulx de la Berchère, archevêque de Narbonne.

86. Vitruve. De Architectura libri dece traducti de latino in vulgare affigurati (da Bono Mauro da Bergamo, B. G. Comasco, C. Cesariano, etc.). (Au r° de l'avant-dernier f.) *Impressa nel citate de Como per Gotardo da Ponte, nel'anno* 1521, *xv mensis Julii*, in-fol., fig., vélin.

Première édition italienne des œuvres de Vitruve, ornée de nombreuses et superbes planches gravées sur bois.
Curieuses figures de sphères et d'instrument divers ; on trouve dans ce livre la première mention de la chambre noire.

87. Vitruve. I dieci libri dell' Architettura di M. Vitruvio, tradotti et commentati da Monsig. Daniel Barbaro eletto patriarca d'Aquilcia, da lui riveduti e ampliati. *In Venetia, appresso Francesco de' Franceschi Senese*, 1584, in-4, fig., mar. rouge, dos orné, dent., tr. dor. (*Rel. anc.*)

Exemplaire aux armes du doge M. Foscarini.

88. Art militaire. Ouvrages divers. 1583-1709, 5 vol. in-fol., in-4 et in-12, vélin et veau.

Les Fortifications du chevalier Antoine de Ville. *Lyon*. 1628, in-fol avec nombreuses pl. — Le véritable Vauban par L. C. Sturîm, 1709. — Della fortificatione delle Citta di M. G. Maggi, 1583. — La nuova architettura militare do Alessandro Capra, 1683.

89. Art militaire. Ouvrages divers. 1758-1821, 10 vol. in-8 et in-4, cart. et reliés.

Essai sur les qualités nécessaires à un général d'armée. — Nouvelles constitutions militaires. — Observations sur les campagnes du roi de Suède, Gustave-Adolphe. — Manuel de l'artilleur. — Opere di Raimondo Montecuccoli, 1821, 2 vol.

90. Art militaire. Ouvrages divers. *Paris*, 1678-1760, 6 vol. in-8, fig., veau.

Traité des armes, par de Gaya. — Les travaux de Mars, par Mancesson Mallet. — Nouvelle école militaire, par Desprez de S. Savin. — Le parfait aide de camp, par Le Rouge.

91. Briquet. Code militaire ou compilation des Ordonnances des Rois de France concernant les gens de guerre. Par le S[r] De Briquet. *Paris*, 1734, 4 vol. in-12, mar. rouge, fil., tr. dor. (*Rel. anc.*)

Édition complète avec supplément. Le Chapitre 26 (tome 1er, pp. 272-338) est consacré aux *Duels et combats particuliers*.
Bel exemplaire.

92. CAVALERIE. Ouvrages divers. 1611-1627, 4 vol. pet. in-fol., veau et cart.

Le gouvernement de la cavallerie légère par G. Basta, 1627. — Regole militare sopra il governo et servitio della cavalleria di F. L. Melzo, 1611. — Le même ouvrage avec texte espagnol, 1619. — L'essercitio della cavalleria del capitano Flaminio della Croce, 1625. (inc. d'une pl.).

93. DETAILLE et RICHARD. L'ARMÉE FRANÇAISE. Types et Uniformes, par Edouard Detaille. Texte par Jules Richard. *Paris, Boussod, Valadon et Cie*, 1885-1889, 2 vol. in-fol., pl., *en* 16 *livraisons*.

Superbe publication ornée de 346 figures dans le texte et hors texte. Édition de grand luxe publiée à 800 francs.

94. DU CHOUL. Discours sur la Castramétation et Discipline militaire des Romains, escript par Guillaume Du Choul. Des Bains et antiques Exercitations grecques et romaines. *Lyon, Guillaume Rouille,* 1557, pet. in-fol., fig., demi-rel.

Dans le même volume : Discours de la religion des anciens Romains par G. Du Choul. *Lyon*, 1556, fig.

95. FOURNIER (Le P. G.). Traité des Fortifications ou Architecture militaire : tirée des places les plus estimées de ce temps pour les fortifications. *Paris, Hénault*, 1648, in-16, fig., mar. brun jans., tr. dor. (*Chambolle-Duru.*)

Un frontispice et 110 pl. gravées sur cuivre où sont représentées les principaux châteaux-forts et places fortes de l'Europe ; citons notamment une vue du mont Saint-Michel.

96. LA JAISSE (Lemau de). Carte générale de la Monarchie françoise contenant l'Histoire Militaire, depuis Clovis, jusqu'à la quinzième année du règne de Louis XV. Avec l'explication de plusieurs matières intéressantes, lesquelles y sont traitées en vingt tables enrichies de tailles-douces, par Lemau de La Jaisse. *S. l.* (*Paris*), 1730, in-fol., veau.

Ce beau volume est des plus importants pour l'histoire de l'armée française. Figures allégoriques, vues de Paris, de Versailles, de l'Ecole militaire, etc. ; drapeaux et costumes des Régiments français, plans des places fortes, etc.

Aux armes de Louis XV.

97. LOSTELNEAU. Le Mareschal de Bataille, contenant le maniment des armes, les evolutions de plusieurs bataillons tant contre l'Infanterie que contre la Cavalerie ; divers ordres de Batailles, etc., par le sieur de Lostelneau. *Paris*, 1647, in-fol., fig., veau.

48 pl., bien gravées sur cuivre, sont relatives au maniement et à l'exercice de la pique et du mousquet.

98. MALLET (A. M.). Les Travaux de Mars, ou l'Art de la guerre, divisé en trois parties. Par Allain Manesson Mallet. Ouvrage enrichi de plus de quatre cents planches gravées en taille-

douce. *Paris, Denys Thierry,* 1684-1685, 3 vol. in-8, front. et fig., veau.

Cet ouvrage est très intéressant pour les planches sur la plupart desquelles on trouve soit le plan, soit la vue de villes de France et de l'étranger.

99. POLYBE. Histoire de Polybe, nouvellement traduit du Grec par Dom Vincent Thuillier. Avec un Commentaire ou un Corps de Science militaire, par M. de Folard. *Amsterdam,* 1729-1730, 6 vol. in-4, cartes, pl. et fig., veau.

Ouvrage estimé.

100. PUYSEGUR (Maréchal de). Art de la Guerre, par principes et par règles. Ouvrage de M. le Maréchal de Puységur mis au jour par M. le marquis de Puysegur son fils. *Paris, Jombert,* 1748, 2 vol. pet. in-fol., portr., pl. et cartes, basane.

Très belles illustrations ; titres gravés, cartouches, par *Babel.* En-têtes par *Cochin.*

101. SAXE (Maurice, comte de). Les Rêveries ou Mémoires sur l'art de la guerre, de Maurice, comte de Saxe. Par Mr. de Bonneville. *La Haye, P. Gosse,* 1756, pet. in-fol., fig. et pl., veau.

En-têtes, culs-de-lampe et 40 planches gravées d'art militaire.
Reliure fatiguée.

---

102. L'ART. Revue hebdomadaire illustrée. *Paris, Librairie de l'Art,* 1875-1893, 55 volumes in-fol., pl., cart. et *en livraisons.*

Collection complète de ce journal artistique orné de près de 950 eaux-fortes. Publié à 1.650 francs.

103. ARTISTES DIVERS. Monographies, etc., 1855-1867, 3 vol. et brochure in-18, cart. et *brochés.*

Mémoires de Benvenuto Cellini, traduits par L. Leclanché. — André Boulle, par Ch. Asselineau. — André Boulle, par J. Périn.

104. **ASTRONOMIE.** ARAGO (F.). Astronomie populaire par François Arago. Nouvelle édition mise au courant des progrès de la Science par M. J.-A. Barral. *Paris,* 1867, 4 vol. in-8, fig., cart., *non rognés.*

105. BASSANTIN (J.). Astronomique discours, par Jacques Bassantin, Escossois. *A Lion, par Jean de Tournes,* 1557, in-fol., fig. et pl. à volvelles, demi-rel., tête dor., *non rogné.*

Ce traité d'astronomie somptueusement imprimé et illustré est devenu fort rare.

Le titre, qui porte une belle marque de *J. de Tournes*, est un peu raccommodé.

106. Fernelii (J.) Ambianatis Cosmo theoria, libros duos complexa. *Parisiis, In ædibus Simonis Colinæi,* 1528, 3 part. en un vol. in-fol., fig. sur bois, vélin.

Ce volume, un des beaux ouvrages publiés par *Simon de Colines*, est orné d'un encadrement de titre, fort remarquable, plusieurs fois répété, de grandes figures géométriques et de lettres ornées.
Ratures à la plume sur deux des titres. Ex-libris Michel Chasles.

107. Higinius de Stellis. (In fine:) *Papiæ impressum : arte et industria Jacob Paucidrapensis,* 1513, in-4 goth. de 52 ff. non chiffr., le dernier blanc, fig. sur bois, cart.

Nombreuses et belles figures sur bois. Grande sphère sur le titre.

---

108. Beaux-Arts. Ouvrages divers. 1751-1859, 14 vol. in-8 et in-12, reliés.

Lettres de l'abbé Le Blanc, 3 vol. — Vitet, Études sur les beaux-arts. — Guizot, Etudes sur les beaux-arts. — Clément de Ris, Musées de province. — Fortoul, l'Art en Allemagne, etc.

109. Beaux-Arts. Ouvrages divers. *Paris,* 1856-1900, 9 vol. in-8 et in-18, cart. et *brochés.*

L'Art moderne, par Th. Gautier. — Mémoire de Velasquez, par Ch. Davillier. — Les Œuvres d'art de la Renaissance italienne au Temple de Saint-Jean, par Gruyer. — Recherches sur l'Art français, par Marquet de Vasselot. — La Stromatourgie de Pierre Dupont, publié par A. Darcel et J. Guiffrey. — Nouvelles Archives de l'Art français, 1897 à 1900, 4 vol.

110. Beaux-Arts. Ouvrages divers. 26 vol. reliés et *brochés.*

111. Blanc. Grammaire des arts décoratifs; décoration intérieure de la maison, par Charles Blanc. *Paris, Renouard, s. d.*, in-8, fig., *broché.*

On y joint : Grammaire des arts du dessin, par Ch. Blanc. *Paris, Renouard,* 1888, in-8, fig., *broché.*

112. Bosc. Dictionnaire de l'Art, de la Curiosité et du Bibelot par Ernest Bosc. *Paris, Firmin-Didot,* 1883, in-8, pl. et fig., demi-rel. dos et coins de chagrin rouge, dos orné, tête dor., *non rogné.*

113. Bovelles (Ch. de). [Géométrie de Charles de Bovelles, chanoine de Noyon]. *Imprimé a Paris par Simon de Colines, l'an de grâce* 1542, gr. in-8 de 56 ff., fig. sur bois, vélin.

Volume très bien imprimé, orné de nombreuses figures, quelques-unes assez intéressantes. Rare.

114. Bry (Th. de). Bibliotheca Chalcographica. Hoc est virtute et eruditione clarorum virorum Imagines collectare J.-J. Boissardo Sculptore, Th. de Bry, primum editæ, et ab ipsorum obitu hactenus continuatæ. *Heidelbergæ, impr. Clementis Ammoni*, 1669, 2 vol. in-4, front. et portr., mar. rouge, fil., tr. dor. (*Rel. anc.*)

Orné de 4 frontispices et de 432 portraits gravés par *Théodore de Bry* et autres artistes.

Portraits d'Agrippa, de Boccace, de C. Colomb, de Calvin, d'Erasme, de Hutten, de Luther, de Morus, de Ronsard, etc.

115. Bullant (J.). Petit traicté de geometrie et d'horologiographie pratique. Par Jehant Bullant, architecte de Monseigneur le duc de Montmorency. *Paris, Guill. Cavellat*, 1564, in-4 de 28 pp., fig. — Recueil d'Horlogiographie, contenant la description, fabrication et usage des horloges solaires. Par Jehant Bullant, architecte de Monseigneur le duc de Montmorency. *Nouvellement imprimé à Paris (par Jean Bridier et se vendent par Vincent Sertenas)*, 1561, in-4 de 144 pp., fig. sur bois. En un vol. in-4, vélin.

Ouvrages rares du célèbre architecte de la Renaissance.

On lit sur la garde d'une écriture du XVIe siècle : *Ce present livre apartient a moy Jehan Chérian architecte et tailleur de pierre natif de Joigny.*

116. CALENDRIER. Blondel (F.). Histoire du calendrier Romain qui contient son origine et les divers changemens qui luy sont arrivés, par F. Blondel. *Paris*, 1682, in-4, veau.

On y joint : 1° Coup d'œil sur tout l'univers et le calendrier... à l'usage de tous les siècles futurs. 1726, in-12, *broché*.

2° Concordance de l'annuaire de la République française avec le Calendrier Grégorien. *Paris*, 1810, in-8, *broché*.

3° Calendrier pour 1827. *Paris*, 1827, in-32, cart.

117. Blondel. Histoire du Calendrier Romain, par Mr Blondel. *La Haye, Arnout Leers*, 1684, in-8, pl., mar. brun jans., *non rogné*. (*Amand.*)

118. Calendrier (Le Grand) et Compost des Bergiers, composé par le Bergier de la grande montagne. Auquel sont adjoutez plusieurs nouvelles figures et tables, lesquelles sont fort utiles et profitables à gens de tous estatz. *Lyon*, 1579, in-4, fig. veau. (*Rel. anc.*)

Cet ouvrage est une curieuse encyclopédie à l'usage des gens de la campagne. A côté d'instructions religieuses, en vers et en prose, on trouve des recettes d'hygiène, de médecine, d'agriculture, des notions d'astronomie, etc.

Nombreuses et curieuses figures sur bois.

Les premiers feuillets sont légèrement fatigués sur les bords.

119. Martin. Mémoire sur le Calendrier hébraïque précédé d'un chapitre sur le calendrier des chrétiens et sur ses origines, par Martin (René) d'Angers. *Angers*, 1863, 2 vol. in-8, pl., demi-rel.

On y joint : The Egyptian Chronology analysed, by Frederick Nolan. *London*, 1848, in-8, cart.

120. MELITON. Les Epactes Grégoriennes, éclaircies et justifiées. Par le R. P. Meliton de Perpignan. *Toulouse, Joseph Rellier*, 1738, in-8, pl., mar. brun jans., tr. dor. (*Closs.*)

Exemplaire de Anquetil Duperron, avec quelques corrections de sa main.

121. VOSTET. Almanach ou prognostication des laboureurs réduite selon le kalendrier Grégorien, avec quelques observations particulières sur l'année 1588, de si long temps menacée, par Jean Vostet Breton. *Paris*, 1588, in-8, demi-rel.

Anciens dictons, proverbes et usages touchant l'agriculture, rapportés au nouveau Calendrier Grégorien dont l'application avait été faite en 1582.
Exemplaire de YEMÉNIZ.

---

122. CARDERERA y Solano (V.). Iconographia española. Collection de Retratos, Estatuas, Mausoleos y demas monumentos inéditos de reyes, reinas, grandes capitanes, escritores, etc. desde el siglo XI hasta el XVII, copiados de los originales por D. Valentin Carderera y Solano. Con texto biografico y descriptivo, en español y francés, por el mismo autor. *Madrid, Impr. de Don Ramon-Campuzano*, 1855-1864, 2 vol. in-fol., pl., demi-rel. dos et coins de veau fauve.

Orné de 92 planches en noir sur CHINE, en bistre et en couleur.

123. CATALOGUES. Description sommaire des Objets d'Art faisant partie des collections du duc d'Aumale, exposés pour la visite du Fine Arts Club, le 21 mai 1862. *S. l. n. d.* (*Londres*, 1862), in-8 carré, demi-rel. dos et coins de mar. rouge, tête dor., éb. (*Petit.*)

Ce catalogue, tiré à petit nombre d'exemplaires, renferme la nomenclature de 738 objets d'art, tableaux, miniatures, émaux, dessins, estampes, manuscrits, livres, reliures, etc., qui furent exposés par le duc d'Aumale au château de Twickenham en 1862.

124. Racontars illustrés d'un vieux collectionneur, par l'auteur du « Voyage dans un Grenier » Charles Cousin. Bouquins, Tableaux, Dessins, Faïences, Autographes et Bibelots. *Paris, Librairie de l'Art*, 1887, 2 vol. in-4, pl. en noir et en couleurs, *brochés*, dans des emboîtages en soie grenat brochée d'or.

42 planches hors texte dont 20 en noir et 22 en couleurs.
Un des 50 premiers exemplaires tirés sur PAPIER DU JAPON, avec notes, suppléments, épreuves d'état des planches et tirages successifs de sept planches en chromotypies.

125. Voyage dans un Grenier par Charles C... (Cousin). *Paris, Morgand et Fatout*, 1878, in-4, fig., *broché*.

PAPIER WHATMAN. Tiré à 10 exemplaires, avec les épreuves avec et AVANT

LA LETTRE. A la fin une planche en chromotypie avec les divers états successifs. Brochure brisée.

126. Promenade à travers deux siècles et quatorze salons par Lucien Double. *Paris,* 1878, gr. in-8, portr. et fig., *broché.*

Description de la collection de feu M. Léopold Double.
33 eaux-fortes de *Jacquemart, Flameng,* planches en chromolithographie, etc.
Lettre de M. L. Double ajoutée.

127. LA GALERIE électorale de Dusseldorff ou Catalogue raisonné et figuré de ses tableaux dans lequel on donne une connaissance exacte de cette fameuse Collection, par des descriptions détaillées, et par une suite de 30 planches, par Chretien de Mechel. Par Nicolas de Pigage. *Basle, Chretien de Mechel,* 1778, 2 part. en un vol. in-fol. oblong, fig., mar. rouge, dent. (*Rel. anc.*)

Très belles planches bien gravées par *C. de Mechel.* Bel exemplaire.

128. Souvenir de l'Exposition de M. Dutuit. (Extrait de sa collection). *Paris,* 1869, in-4, fig., *broché.*

Très intéressant catalogue rédigé par MM. Clément, Potier, Gasnault et Delange orné de 34 figures dont 10 en couleurs. Rare.
Un des plus anciens catalogues de cette importante collection léguée à la Ville de Paris.

129. Description des Antiquités et Objets d'art composant le Cabinet de M. Louis Fould, par A. Chabouillet. *Paris, J. Claye,* 1861, in-fol., pl., *broché.*

Beau volume orné de 39 planches en taille-douce. Tiré à 300 exemplaires.

130. Catalogue of the celebrated Fountaine Collection of Majolica, Henri II Ware, Palissy Ware, Limoges Enamels, etc. *London,* 1884, gr. in-8, 23 photographies, cart., *non rogné.*

Une des plus précieuses collections de faïences, de porcelaines et d'émaux qui aient été formées.

131. Recueil d'ouvrages curieux de mathématique et de mécanique ou description du cabinet de Monsieur Grollier de Servière, avec des figures en taille-douce, par son petit-fils Grollier de Servière. *Lyon, Forey,* 1733, in-4, pl., veau.

Grolier de Servière descendait du fameux collectionneur Jean Grolier.

132. Objets d'Art, du Japon et de la Chine, Peintures, Livres réunis par T. Hayashi. *Paris, Bing,* 1902, in-4, pl., *broché.*

Catalogue illustré de 57 planches en héliogravure.

133. Catalogue des Tableaux de Maîtres anciens et modernes des Ecoles flamande, française, hollandaise, etc., composant

la Collection de feu M. Edmond Huybrechts. *Paris et Bruxelles*, 1902, gr. in-4 réglé, portr. et 75 pl., *broché*.

134. Inventaire de Marie-Josèphe de Saxe, Dauphine de France, par G. Bapst. *Paris, Lahure*, 1883, in-4, portr., *broché*.

Nombreux renseignements sur les collectionneurs. Substantielle notice sur la Dauphine. Non mis dans le commerce.

On y joint : 1° Promenade à travers deux siècles et quatorze salons par Lucien Double. *Paris*, 1878, in-8, *broché*, avec 8 pl. dont quelques-unes par *J. Jacquemart*.

2° Inventaire des Meubles et Joyaux du roi Charles V, par le comte de Laborde. *Paris*, 1851, in-8, *broché*.

135. Souvenirs de la Galerie Pourtalès. Tableaux antiques et objets d'art photographiés par Goupil et Cie. *Paris*, 1863, in-fol., *en feuilles*, dans un carton.

63 planches photographiées ; nombreux tableaux primitifs de l'école italienne.

136. Le Musée d'Antiquités et le Musée céramique de Rouen. Trente eaux-fortes avec texte et frontispice, par Jules Adeline. *Rouen, E. Augé*, 1882, pet. in-fol., front. et pl., *en feuilles*, dans un carton.

Un frontispice et 30 planches en double état, AVANT LA LETTRE sur CHINE et sur blanc.

137. Collection de San Donato. [Tableaux, Marbres, Dessins, Aquarelles, Objets d'art]. *Paris*, 1870, 2 vol. gr. in-8, fig., demi-rel. dos et coins de mar. brun, tête dor., éb. (*David.*)

Nombreuses planches à l'eau-forte et photographies.

138. LA COLLECTION SPITZER. Antiquité. Moyen-Age. Renaissance. *Paris, Maison Quantin, Librairie centrale des Beaux-Arts*, 1890-1892, 6 vol. in-fol., en cartons.

Nombreuses planches en noir et en couleur. Texte redigé par MM. Frœhner, A. Darcel, L. Palustre, Eug. Muntz, Molinier, etc.

Un des 600 exemplaires tirés sur PAPIER VÉLIN.

139. Collection H. V. (Henri Vever). Catalogue de Tableaux modernes de premier ordre, Pastels, Aquarelles, Dessins, Sculptures. *Paris*, 1897, in-4 réglé, pl., *broché*.

Œuvres importantes des peintres contemporains.

Un des 10 exemplaires imprimés sur PAPIER IMPÉRIAL DU JAPON avec double suite des gravures.

140. Collection de M. John W. Wilson, exposée dans la galerie du cercle artistique et littéraire de Bruxelles. *Paris, Claye*, 1873, in-fol., pl., demi-rel. dos et coins de mar. rouge, tête dor., éb. (*David.*)

Superbe catalogue orné de 68 eaux-fortes par *Waltner, Gaucherel, Lalauze, Jacquemart, L. Flameng, Rajon*, etc. Bel exemplaire.

141. Wolff (Albert). Cent Chefs-d'œuvre des collections parisiennes. *Paris, G. Petit et L. Baschet*, 1883, in-fol., mar. brun jans., tête dor., *non rogné*.

Papier de Hollande. Orné de 100 superbes eaux-fortes par *Gaujean, Rajon, Chauvel, Lefort, Greux*, etc., épreuves avant la lettre.

142. Catalogues de ventes de tableaux et d'objets d'art. *Paris*, 1884-1901, 18 vol. in-8 et in-4, *brochés*.

Catalogues illustrés des collections L. D'Ivry, Tollin, Merlin, C. de Hèle, etc.

143. Catalogues de ventes de tableaux et d'objets d'art. *Paris*, 1901, 8 vol. in-4, *brochés*.

Catalogues illustrés des collections Autocolsky, d'Azay le Rideau, de Demandolx-Dedons, C. de Hèle, marquis de Thuisy, etc.

144. Catalogues de ventes de tableaux, dessins et objets d'art. *Paris*, 1901, 6 vol. in-4, *brochés*.

Catalogues illustrés des collections Ch. de Bériot, G. Feydeau, Eug. Féral, H. Lacroix. J. Lassalle et Lazare Weiller.

145. Catalogues de ventes de tableaux et d'objets d'art. *Paris*, 1902, 15 vol. in-8 et in-4, *brochés*.

Catalogues illustrés des collections Mniszech, de Rainneville, comtesse de Fitz-James, Prince Murat, etc.

146. Catalogues de ventes de tableaux et d'objets d'art. *Paris*, 1902, 10 vol. in-4, *brochés*.

Catalogues illustrés des collections Baudry, Humbert, Lenglart, Miallet, Mniszech, Valtesse de La Bigne, etc.

147. **CÉRAMIQUE.** Brongniart (Alex.). Traité des Arts Céramiques ou des Poteries considérées dans leur histoire, leur pratique et leur théorie. *Paris, Béchet et Mathias*, 1844, 2 vol. in-8, fig., et un vol. in-4 obl. de pl. en noir et en couleurs, mar. rouge, dos orné à la grotesque, fil., tr. dor. (*A. Closs.*)

Bel exemplaire aux armes du baron J. Pichon, neveu de l'auteur.

148. Brongniart et Riocreux. Description méthodique du Musée céramique de la Manufacture Royale de Porcelaine de Sèvres par MM. A. Brongniart et Riocreux. *Paris, Leleux*, 1845, 2 vol. gr. in-4, 80 pl. en noir et en couleurs, demi-rel. chagrin bleu, tête dor., *non rognés*.

149. Céramique. Ouvrages et brochures diverses. *Paris, Montauban, Stockholm*, etc., 1860-1896, 21 vol. et brochures, in-4, in-8 et in-12, fig., demi-rel., cart. et *brochés*.

Les Origines de la Porcelaine en Europe, par le Baron Davillier. — Les

Terres émaillées de Bernard Palissy, — Notice sur les Faïences du XVIe siècle dites de Henri II, par A. Tainturier. — La Poterie Gauloise, par H. du Cleuziou. — Les Faïences de St-Porchaire, par E. Bonnaffé. — Les Céramistes boulonnais, par V. J. Vaillant. — Histoire d'un four à verre de l'Ancienne Normandie, par A. Milet, etc., etc.

150. CÉRAMIQUE japonaise. *Tokio*, 1880, in-4, *broché*.

Suite de 10 planches doubles en couleur représentant les objets remarquables du Musée national de Tokio. Légendes en japonais et en anglais. Jolie collection.

151. FILLON (B.). L'Art de terre chez les Poitevins suivi d'une étude sur l'ancienneté de la fabrication du verre en Poitou par Benjamin Fillon. *Niort, Clouzot*, 1864, in-4, fig. et facsimilés, demi-rel. dos et coins de mar. bleu, tête dor., *non rogné*.

Excellent ouvrage. Exemplaire tiré sur GRAND PAPIER avec envoi d'auteur.

152. HAVARD (Henry). Histoire de la Faïence de Delft par Henry Havard. *Paris, Plon*, 1878, in-8, pl. et fig. en noir et en couleur, demi-rel. dos et coins de mar. bleu, tête dor., *non rogné*. (*Rousselle.*)

153. JACQUEMART (A.). Histoire de la Céramique par Albert Jacquemart. Ouvrage contenant 200 figures sur bois par H. Catenacci et J. Jacquemart, 12 planches gravées à l'eau-forte par J. Jacquemart et 1000 marques et monogrammes. *Paris, Hachette et Cie*, 1873, in-8, fig., demi-rel. dos et coins de chagrin rouge, tête dor., éb.

154. JACQUEMART (A.) et LE BLANC. Histoire artistique, industrielle et commerciale de la Porcelaine accompagnée de recherches sur les sujets et emblèmes qui la décorent, les marques et inscriptions qui font reconnaître les fabriques d'où elle sort, etc., par Jacquemart et Le Blanc. *Paris, Techener* (*impr. Perrin de Lyon*), 1862, pet. in-fol., demi-rel. dos et coins de mar. rouge, tête dor. (*David.*)

Orné de 28 belles eaux-fortes de *J. Jacquemart.*

155. PALISSY (B.). Œuvres de Bernard Palissy, avec des notes, par Faujas de Saint-Fond, et Gobet. *Paris*, 1777, in-4, veau, fil., tr. jasp.

Exemplaire aux armes et chiffre du roi LOUIS XVI, provenant de la bibliothèque de M. SAUVAGEOT.

Outre les traités de Palissy, cette édition renferme : *Déclaration des abus et ignorance des médecins*, par Sébastien Colin.

156. PORCELAINE, faïence et verrerie. Ouvrages divers. 1697-1894, 18 vol. de divers formats reliés et *brochés*.

Arts céramiques par Brongniart. — Merveilles de la céramique par Jacquemart. — L'Art de fabriquer la faïence et la porcelaine par Bastenaire-Daudenart. — Inscriptions céramiques de Grèce par Dumont. — Art de la verrerie par Haudiquer de Blancourt. — Œuvres de Bernard Palissy. — Bernard Palissy par Audiat, etc.

157. Pottier (A.). Histoire de la Faïence de Rouen par André Pottier. Ouvrage posthume publié par les soins de MM. l'abbé Colas, G. Gouellain et R. Bordeaux, orné de soixante planches imprimées en couleurs, et de vignettes d'après les dessins de Mlle E. Pottier. *Rouen, Le Brument,* 1870, 2 vol. in-4, pl., demi-rel. dos et coins de mar. vert, tête dor., *non rognés.* (*Bertrand.*)

---

158. Champeaux, Darcel, etc. Les Arts du Bois, des Tissus et du Papier. Mobilier National et privé. Tapisseries. Tissus. Objets orientaux. Livres et Reliures. Gravures. Papiers peints. Reproduction des principaux Objets d'arts, exposés en 1882 à la 7e Exposition de l'Union centrale des Arts décoratifs. Texte de MM. de Champeaux, Darcel, G. Le Breton, etc. *Paris, Quantin,* 1883, gr. in-8, fig., demi-rel. dos et coins de mar. brun, tête dor., *non rogné.*

159. Chapuy et Moret. Le Moyen-Age pittoresque. Monumens et fragmens d'architecture, Meubles, Armures et Objets de curiosités du Xe au XVIIe siècle. Dessiné d'après nature par Chapuy, etc., et lithographié par MM. Arnout, Asselineau, Bayot, Boys, etc., etc. Avec un texte archéologique, descriptif et historique, par M. Moret. *Paris, Veith et Hauser,* 1838-1841, 5 part. en 2 vol. in-fol., pl., demi-rel. mar. bleu, dos orné, *non rognés.*

Frontispice et 180 planches. Manque le texte de la 5e partie.

160. Chapuy et Ramée. Le Moyen-Age monumental et archéologique. Vues, détails et plans des Monumens les plus remarquables de l'Europe, depuis le 6e jusqu'au 16e siècle. Lithographiés d'après les dessins de M. Chapuy, avec un résumé théorique et des notices spéciales par Daniel Ramée. *Paris, Hauser,* 1843, 3 vol. in-fol., demi-rel. dos et coins de chagrin rouge, *non rognés.*

366 planches lithographiées.

161. Chérubin (P.). La Vision parfaite ou le Concours des deux axes de la Vision en un seul point de l'objet, par le P. Chérubin d'Orléans. *Paris,* 1677, pet. in-fol., front. et pl., mar. rouge, dos orné, double rangée de fil. à la Du Seuil, tr. dor. (*Rel. anc.*)

Bel exemplaire.

162. Clément de Ris. Les Amateurs d'autrefois. *Paris, Plon,* 1877, in-8, 8 portr., *broché.*

Envoi d'auteur.

On y joint : 1° Les Collectionneurs de l'ancienne Rome. Notes d'un amateur (Bonnaffé). *Paris*, 1867, in-8, *broché*. PAPIER JONQUILLE.
2° Fusains et Pastels. Le Collectionneur par L. Judicis. *Paris*, 1875, in-12, *broché*.

163. COLLECTION des livrets des anciennes Expositions depuis 1673 jusqu'en 1800, (réimpression faite par les soins de M. Jules Guiffrey). *Paris*, 1869-1872, 42 vol. in-12. — Table générale des artistes ayant exposé aux salons du XVIIIe siècle, suivie d'une table de la bibliographie des Salons par J.-J. Guiffrey. *Paris*, 1873, in-12. Ensemble 43 vol. in-12, *brochés*.

PAPIER DE HOLLANDE tiré à 25 exemplaire numérotés.
On y joint 6 brochures publiées par M. Guiffrey sur les Salons et Expositions.

164. COLLINOT (E.) et A. de BEAUMONT. Encyclopédie des Arts décoratifs de l'Orient. Ornements Arabes. — Ornements de la Perse. — Ornements Turcs. — Ornements de Chine. — Ornements du Japon. — Ornements Vénitiens, Hindous, Russes, etc. Recueil de dessins pour l'Art et l'Industrie. *Paris*, *Canson*, 1883, 6 part. en 2 vol. in-fol., pl., *en feuilles* dans 2 cartons.

Orné de 251 planches, la plus grande partie en couleurs.

165. **COSTUMES**. BERTELLIUS. Il Carnevale italiano Mascherato que si Veggono in figura varie inventione di capritii Franco Bert. *Anno* 1642, pet. in-8, mar. rouge, plats ornés, tr. dor.

Suite de 24 jolies planches de costumes, masques et divertissements à l'usage du Carnaval, gravées par *Fr. Bertellius*.

166. BOILLY (Jules). Collection de Costumes Italiens dessinés d'après nature en 1827 et lithographiés par Jules Boilly. *A Paris, chez Daudet l'aîné, s. d.* (1829), in-4, demi-rel. mar. vert.

Recueil intéressant de 48 planches de costumes coloriées. Rare.

167. BRADFORD (W.). Sketches of the Country, Character, and Costume, in Portugal and Spain, made during the campaing, and on the route of the British Army, in 1808 and 1809. Engraved and couloured from the Drawings by the Rev. William Bradford. *London*, 1809, pet. in-fol., pl., demi-rel. dos et coins de mar. violet.

Campagne des Anglais en Espagne. Orné de 53 planches en couleur, vues de villes, costumes, etc. Bel exemplaire.
Les 13 dernières planches, de costumes militaires espagnols et portugais, ont été publiées séparément en 1810 avec un titre particulier. Très rare.

168. COSTUMES des différentes Nations composant les Etats héréditaires de S. M. et R., dessinés par Kininger et gravés

par les meilleurs artistes. *Vienne, T. Mollo, s. d.* (*vers* 1808), in-fol., *en feuilles*, dans un carton.

Soixante-huit planches imprimées en couleurs, représentant des costumes autrichiens, bohémiens, etc.
L'ouvrage est dédié à l'impératrice Marie-Louise.
Les ff. sont numérotées 1 à 30, 34 à 47 et 49 à 72.

169. Costumes du Comté d'York, représentés dans une série de quarante planches, fac-similés des desseins originaux, accompagnées de descriptions en anglois et en françois. *Londres*, 1814, in-4, pl., veau.

Orné d'un frontispice et de 40 planches coloriées dessinées par *G. Walker* et gravées par *R.* et *D. Havell*. Costumes militaires et civils, occupations diverses, etc.
Estampes d'une belle qualité et supérieures à celles que l'on rencontre dans les livres de ce genre.

170. Les Costumes françois representans les differens etats du royaume, avec les habillemens propres à chaque etat et accompagnés de reflections critiques et morales. *Paris, Le Pere et Avaulez*, 1776, pet. in-fol., cart.

Très-beau titre orné gravé par *Arrivet* et 10 planches de costumes à plusieurs personnages gravées par *Dupin*. Suite très-belle et très-rare.
Au-dessous de chaque estampe une explication gravée.

171. Craig. Cris de Londres. *London, R. Phillips*, 1804, in-4, mar. rouge, dent., tr. dor.

Suite de 19 planches coloriées représentant les divers marchands des rues de Londres, dessinées par *Craig*, gravées par *Newton* et *Edwards*. Rare.
Le même album renferme un plan de Londres et 20 planches de monuments de Londres et de scènes populaires anglaises gravées sur acier.

172. Gironi (R.). Saggio di R. Gironi intorno alle Costumanze civili dei Greci. *Milano, tip. G. Ferrario*, 1823, in-4, fig., demi-rel.

Tiré à 80 exemplaires seulement, tous sur Papier vélin. 19 planches coloriées.

173. Gironi. Saggio di R. Gironi intorno al Costume della Spagna e del Portogallo, dai tempi piu remoti sino alla expulsione dei Mori. *Milano, tip. G. Ferrario*, 1825, in-4, fig., demi-rel., *non rogné*.

Papier vélin. 13 planches en noir et en couleurs.

174. Histoire des mœurs et du costume des Français dans le dix-huitième siècle, ornée de douze estampes dessinées par Sigismond Freudenberg. — Monument du Costume physique et moral de la fin du XVIIIe siècle ou tableaux de la vie, ornés de vingt-six figures dessinées et gravées par Moreau le jeune et par d'autres célèbres artistes. Texte par Restif de la Bretonne. *Paris, Léon Willem*, 1876-1878, 2 part. en un

vol. in-fol., pl., demi-rel. dos et coins de mar. rouge, dos orné, tête dor., *non rogné*.

Trente-huit planches d'après *Freudeberg* et *Moreau*. Bel exemplaire.

175. HISTOIRE des Ordres militaires ou des Chevaliers des milices séculières et régulières de l'un et de l'autre sexe. Contenant leur origine, leurs fondations, leurs progrès, leur manière de vie, etc. (d'après Giustinani, Bonanni, etc.). Avec un traité historique de M. Basnage sur les duels. *Amsterdam, P. Brunel*, 1721, 4 vol. in-8, front. et fig., vélin.

Ces quatre volumes sont ornés de nombreuses figures de costumes gravées en taille-douce ; le premier contient le traité sur les Duels.
Aux armes de Savoie.

176. JOURNAL des Dames et des Modes auquel ont été réunis l'Observateur des Modes et l'Indiscret. *Paris, s. d.* (1826-1828), 6 vol. in-8, pl., demi-rel. dos et coins de mar. vert.

285 figures coloriées.

177. KNÖTEL (von Richard). Uniformenkunde. Lose Blätter zur Geschichte der Eutwickelung der militärischen Tracht in Deutschland. Herausgegeben gezeichnet und mit Kurzem Texte versehen von Richard Knötel. *Rathenow, Max Babenzien*, 1890-1898, 9 vol. in-4, pl., demi-rel. mar. orange.

495 planches de costumes militaires coloriés des armées d'Europe.
Les tomes 8 et 9 sont brochés et le tome 9 contient les 7 premières livraisons. Publié à 195 francs en livraisons.

178. LANTÉ. Costumes des Femmes de Hambourg, du Tyrol, de la Hollande, de la Suisse, de l'Espagne, etc., dessinés la plupart, par M. Lanté, gravés par M. Gatine et coloriés. *S. l. n. d.*, 2 vol. in-fol., demi-rel. dos et coins de cuir de Russie, tr. jasp.

Quatre-vingts planches en belles épreuves du PREMIER TIRAGE.
11 planches sont *en feuilles*.

179. LECOMTE (H.) Costumes Français de 1200 à 1715. *S. l. n. d.*, in-12, pl., mar. rouge jans., chiffres, tr. dor. (*R. Petit.*)

Suite de 100 planches en couleurs.

180. LE HAY. Recueil de cent estampes représentant différentes Nations du Levant tirées sur les Tableaux peints d'après nature en 1707 et 1708, et gravées en 1712 et 1713 par les soins de M. Le Hay. *Paris, Le Hay*, 1714-1715, 2 vol. in-fol., pl., veau marbré, tr. granitée. (*Rel. anc.*)

Bel exemplaire.

181. LE ROUX DE LINCY. Les Femmes célèbres de l'ancienne

France. Mémoires historiques sur la vie publique et privée des femmes françaises, par Le Roux de Lincy. *Paris, Leroi*, 1847, in-4, fig., demi-rel. chagrin, tr. dor.

Intéressant ouvrage orné de 41 belles planches de costumes de femmes célèbres, dessinées par *Lanté*, gravées par *Gatine*. Très belles épreuves coloriées.

182. Lewis (G.). A Series of Groups, illustrating the physiognomy, manners, and character of the people of France and Germany, by George Lewis. *London*, 1823, in-4, veau.

Suite de 52 curieuses figures gravées à l'eau-forte par *Lewis*.
Plusieurs figures représentent des scènes populaires parisiennes, des scènes normandes, etc.

183. Mason. Costumes de la Chine, représentés en soixante gravures, avec des explications en anglais et en français. Par G. H. Mason. *Londres, W. Miller*, 1800, pet. in-fol., fig., mar. bleu, double fil., tr. dor.

60 planches de costumes en couleurs. Bel exemplaire.

184. Mazuy. Types et Caractères anciens d'après des documents peints ou écrits. Dessins par Th. Fragonard et Duféy, texte par M. A. Mazuy. *Paris, Delloye*, 1841, in-4, pl., cart.

Orné de 20 planches de costumes lithographiés en couleur et vignettes sur bois dans le texte.

185. Modes et Coiffures, 1733-1833, 8 vol. et brochures.

Histoire des modes françaises, 1777. — Origine et progrez du Vertugadin, 1733. — Le blason des basquines et vertugalles, 1833. — Instruction de l'évêque de Montréal sur la coiffure des femmes, 1817. — Observations sur la coiffure à la titus. — Eloge historique des perruques, etc.

186. Moleville (B. de). Costumes des États héréditaires de la maison d'Autriche, consistant en cinquante gravures coloriées; dont les descriptions, ainsi que l'introduction, ont été rédigées par M. Bertrand de Moleville. *Londres, W. Miller*, 1804, pet. in-fol., pl., mar. vert., dos orné, fil., tr. dor. (*Rel. anc.*)

50 belles planches coloriées de costumes d'hommes et de femmes.

187. Reiset (Cte de). Modes et Usages au temps de Marie-Antoinette, par le Comte de Reiset. Livre-Journal de Madame Eloffe. *Paris, Didot*, 1885, 2 vol. gr. in-8, fig., cart. toile, fers spéciaux, tr. dor. (*Rel. de l'éditeur.*)

Nombreuses figures de costumes en noir et en couleurs. Epuisé. Rare.

188. Solvyns. Costumes de l'Indostan, dessinés dans l'Inde en 1798 et 1799, par Balt. Solvyns, de Calcutta. *Londres, Edward Orme*, 1807, in-fol., fig., demi-rel. mar. noir, *non rogné*.

Soixante planches en couleur.

189. Tableaux de l'habillement, des mœurs et des coutumes dans la République batave, au commencement du dix-neuvième siècle. *Amsterdam, Maaskamp, s. d.* (1805), in-4, front. et fig., demi-rel.

21 jolies figures de costumes imprimées en couleurs.

---

190. Cousin (Jean). Livre de Perspective de Jehan Cousin Senonois, maistre Painctre à Paris. *A Paris, de l'imprimerie de Jehan Le Royer imprimeur du Roy es mathematiques*, 1560, in-fol., mar. bleu, dos orné, double rangée de fil., fleurons d'angle, tr. dor. (*Hardy.*)

Première édition de ce traité, très bien illustrée d'après les dessins de l'auteur.
Les bois ont été gravés par *Jehan Le Royer* et son beau-frère *Aubin Olivier.*
Bel exemplaire aux armes du baron Seillière.

191. Danfrie (Ph.). Déclaration de l'Usage du Graphomètre, par la pratique du quel l'on peut mesurer toutes distances des choses de remarque qui se pourront voir et discerner du lieu où il sera posé, etc. Inventé nouvellement, et mis en lumière par Philippe Danfrie. *Paris, Danfrie,* 1597, 2 part. en un vol. pet. in-4, fig., mar. rouge, fil., tr. dor. (*Rel. anc.*)

Ce curieux volume, imprimé en caractères de civilité, est orné de nombreuses vignettes, les unes gravées sur cuivre et les autres sur bois.
Bel exemplaire de Girardot de Préfond, avec son ex-libris.

192. DANSE. Feuillet. Chorégraphie ou l'art de décrire la Dance, par caractères, figures et signes démonstratifs, par M. Feuillet, Maître de Dance. Seconde édition augmentée. *Paris, M. Brunet,* 1701, 3 parties en un vol. in-4, pl. gravées, veau.

Un des ouvrages les plus réputés sur l'art de la danse.
Les deux dernières parties contiennent de nombreuses planches gravées en taille-douce ; quelques danses inventées par le sieur Pécour.

193. Gironi (R.). Saggio di R. Gironi intorno alle Danze dei Greci. *Milano, tip. del G. Ferrario,* 1822, in-4, fig., demi-rel.

Tiré à 30 exemplaires seulement. 7 figures coloriées.
On y joint : Le Nozze del Greci da R. Gironi. *Milano*, 1819, in-4, cart. 3 planches en couleur. Tiré à 40 exemplaires.

194. Menestrier (P.). Des Ballets anciens et modernes selon les règles du Théâtre. *Paris, Guignard,* 1682, in-12, demi-rel.

195. Rameau. Abrégé de la nouvelle Méthode dans l'art d'écrire ou de tracer toutes sortes de Danses de ville. Mise

au jour par le Sr Rameau, Maître à Danser. *A Paris, chez l'auteur*, (1725), in-8, pl. gravées, veau.

La seconde partie contient douze des plus belles danses de M. Pécour, avec 83 pl. gravées.

---

196. Du Sommerard. Les Arts au Moyen-Age, en ce qui concerne principalement le Palais-Romain de Paris, l'hôtel de Cluny, par A. Du Sommerard. *Paris*, 1836-1846, 5 vol. in-8 et 3 vol. in-fol., pl., demi-rel. dos et coins de mar. brun, tête dor., *non rognés*. (*Rousselle*.)

Les 3 volumes in-folio renferment un portrait, un frontispice et 510 planches dont beaucoup sont coloriées.
Superbe ouvrage remarquablement exécuté.

197. Émaillerie, cuir doré, etc. Ouvrages divers. 1778-1860, 8 vol. et brochures.

Emaux du musée du Louvre par M. de Laborde, 3 vol. — Histoire de la peinture sur émail par L. Dussieux. — Les émaux cloisonnés dans la reliure des livres par de la Fizelière. — Recherches sur le cuir doré par de la Quérière. — L'art du peintre, doreur, vernisseur par Watin.

198. Éventails anciens des XVIIe et XVIIIe siècles. *Paris*, 1890, in-fol. obl., pl., demi-rel. dos et coins de mar. rouge.

80 planches, reproductions d'éventails anciens, et 11 feuillets de texte donnant la description de chacun des éventails et les noms des possesseurs.
Tiré à 100 exemplaires.

199. Ferrand. L'art du Feu ou de peindre en émail dans lequel on découvre les plus beaux secrets de cette science. Avec des instructions pour peindre et apprêter les couleurs de Mignature dans leur perfection. Par le Sieur Jacques-Philippes Ferrand. *Paris, J. Collombat*, 1721, in-12, mar. rouge jans., tr. dor. (*Hardy-Mennil*.)

Ouvrage rare sur l'art de l'émailleur.

200. Gazette des Beaux-Arts. Courrier européen de l'art et de la curiosité. *Paris*, 1859-1884, 25 années en 57 vol. gr. in-8, fig., demi-rel. dos et coins de mar. vert, tête dor., *non rognés*. (*Rousselle*.)

Superbe exemplaire tiré sur grand papier de Hollande avec les planches hors texte en épreuves avant la lettre.
On y joint : *La Chronique des Arts et de la Curiosité* (1861 début à 1876), 14 vol. in-4 et in-8, demi-rel. chagrin vert, *non rognés*.

201. Goncourt (Edm. et J. de). Idées et Sensations par Edm. et Jules de Goncourt. *Paris*, 1866, in-8, *broché*.

Édition originale. Curieux exemplaire de Champfleury portant sur la garde une note des plus malveillantes contre les auteurs.

202. Grævius, Gronovius, Sallengre et Polenus. Thesaurus

Antiquitatum Græcarum et Romanarum. *Venetiis, B. Javarina et J. B. Pasquali,* 1732-1737, 33 vol. in-fol., pl., basane.

Le présent exemplaire comprend : *Grævius (Antiquités romaines)*, 12 vol. (manque les tomes 1, 2, 3). — *Gronovius (Antiquités grecques)*, 13 vol. — *Sallengre (Supplément)*, 3 vol. — *Polenus (Nouveau supplément)*, 5 vol.
Bel exemplaire. Reliure uniforme.

203. **GRAVURE.** Basan (F.). Catalogue des Estampes gravées d'après P. P. Rubens. Nouvelle édition augmentée, par Fr. Basan. *Paris,* 1767, in-12, veau.

A la suite : Catalogue des tableaux, dessins, estampes, etc., qui composent le cabinet de feu M. Cayeux, par P. Remy. *Paris,* 1769, in-12, avec les prix d'adjudication manuscrits.
On y joint : Catalogue des estampes gravées à l'eau forte par Guido Reni, et de celles de ses disciples, par A. Bartsch. *Vienne,* 1795, in-12, pl., cart.

204. Blanc (Ch.). L'œuvre complet de Rembrandt décrit et commenté par M. Ch. Blanc. Catalogue raisonné de toutes les eaux-fortes du maître et de ses peintures. *Paris, Gide,* 1859-1864, 2 tomes en 3 vol. gr. in-8, fig., *brochés.*

Orné de 40 eaux-fortes et de figures sur bois.

205. Boissieu. Œuvre de J.-J. de Boissieu, graveur lyonnais, 1760-1809, in-fol., demi-rel., *non rogné.*

J. J. de Boissieu est un des excellents graveurs de paysages du siècle dernier. Son œuvre renferme également un certain nombre de scènes d'intérieur pleines de vérité.
Ce recueil contient 100 planches dont une double avec différences.
Très belles épreuves tirées sur papier de Chine fort.

206. Catalogues de Collections d'Estampes et de Dessins, 1741-1883, 14 vol. in-4 et in-8, cart., demi-rel. et *brochés.*

Catalogue des Estampes, Cartes géographiques, etc. de Mgr le Duc d'Estrées. — Cabinets de M. Paignon Dijonval, de J. Grünling, de M. Prevost, de M. Guichardot, etc.

207. Catalogues d'éditeurs d'estampes, 1743-1851, 5 vol. in-4, cart. et *brochés.*

Catalogue des volumes d'estampes dont les planches sont à la Bibliothèque du Roi. — Catalogue des planches du fonds de H. L. Basan (en-tête par Choffard). — Catalogue des planches gravées composant le fonds de la calcographie. — Catalogue du fonds de Boydell, etc.

208. Catalogues de collections d'Estampes, 1868-1877, 2 vol. in-4, fig., *brochés.*

Catalogue illustré de dessins et estampes de M. A. Firmin-Didot. — The Collection of Engravings formed between the years 1860-68, by A. Morrison.

209. Catalogues. Le premier siècle de la Calcographie ou catalogue raisonné des Estampes du cabinet de feu M. le

Comte Léopold Cicognora, avec un appendice sur les Nielles, par A. Zanetti et C. A. *Venise,* 1837, 3 part. en un vol. in-8, demi-rel., *non rogné.*

On y joint : 1° Catalogo ragionato dei Libri d'Arte et d'Antichita posseduti dal Conte Cicognara. *Pisa,* 1821, 2 vol. in-8, cart.

Excellente bibliographie des livres sur les beaux-arts.

2° Catalogue des livres (principalement sur les Beaux-Arts) composant la bibliothèque de M. Vivenel. *Paris,* 1844, in-8, *broché.*

210. Duchesne aîné. Essai sur les Nielles, gravures des orfèvres florentins du XVe siècle, par Duchesne aîné. *Paris, Merlin,* 1826, in-8, portr. et fig., basane.

211. Estampes japonaises des XVIIIe et XIXe siècles. En un vol. in-fol., demi-rel. mar. rouge.

Très-belle collection de 82 estampes imprimées en couleur par *Hiroshighé, Kounisada, Kounyoski, Toyokouni,* etc.

Scènes de la vie domestique, de la vie militaire, de la vie théâtrale, paysages, scènes religieuses, scènes galantes, etc.

Ces estampes mesurent en moyenne 35 cent. de hauteur et 25 cent. de largeur. Très belles épreuves d'ancien tirage, montées sur bristol.

212. Estampes Japonaises. En 2 vol. in-fol. couverts de soie.

Beau recueil de 99 estampes en couleurs des meilleurs artistes formé par le peintre Guillaumet. Actrices, courtisanes, enfants, scènes de la vie domestique, grand pont de Yedo, etc.

213. Garnier. Histoire de l'Imagerie populaire et des Cartes à jouer à Chartres, suivie de recherches sur le commerce du colportage des Complaintes, Canards et Chansons des rues, par J. M. Garnier. *Chartres,* 1869, pet. in-8, *broché.*

Rare.

214. Heinecken. Idée générale d'une Collection complette d'Estampes, avec une dissertation sur l'origine de la gravure et sur les premiers livres d'images. *A Leipsic et Vienne,* 1771, in-8, fig., basane.

Ouvrage très-estimé devenu rare.

215. Le Blanc (Ch.). Manuel de l'Amateur d'Estampes, par M. Ch. Le Blanc. *Paris, P. Jannet,* 1850-1857, in-8, en 9 livraisons.

Lettres A-Pen.

216. Meaume (Ed.). Sébastien Le Clerc et son œuvre, 1637-1714, par Ed. Meaume. *Paris,* 1877, in-8, *broché.*

Exemplaire tiré sur papier de Hollande.

On y joint : Notice sur Gérard Audran, par G. Duplessis. *Lyon,* 1858, in-8, *broché.*

217. Ouvrages sur la gravure sur bois, les nielles, etc., 1645-1863, 4 vol. in-8 et in-12, veau, cart. et *brochés.*

Traicté des manières de graver en taille-douce sur l'airin, par A. Bosse.

— Essai sur les Nielles, par Duchesne aîné. — Des gravures en bois dans les livres d'Anthoine Vérard, par J. Renouvier. — Essai sur l'histoire de la Gravure sur bois, par A. Firmin Didot.

---

218. Gualtherus. Der furnembsten, notwendigsten, der gantzen Architectur angehörigen Mathematischen und Mechanischen kunst, eygentlicher bericht, und vast klare, verstendliche unterrichtung, zu rechtem verstandt der lehr Vitruvii, in drey furneme Bücher abgetheilet. Durch Gualterum H. Rivium. *Zu Nürnberg, truckts Johan Petreius,* 1547, 9 part. en un vol. in-fol., fig., vélin.

Ce traité de perspective, de géométrie, d'arpentage, etc. est orné de nombreuses figures très-bien gravées sur bois ; nous citerons comme particulièrement intéressantes les figures de vases richement ornés, qui se trouvent aux ff. 17-20 de la 1re partie et les deux estampes du 7e f. de la 2e partie.

219. Jacquinot. L'Usaige de l'Astrolabe avec un traicté de la sphere, par Dominicq' Jacquinot, Champenois. *Paris, impr. de Jehan Barbé,* 1545, in-4 réglé, fig., mar. noir, fil., milieux, tr. dor. (*Rel. anc.*)

Première édition. Intéressantes figures sur bois.
Bel exemplaire dans sa première reliure avec un double delta sur les plats.

220. La Chau et Le Blond. Description des principales Pierres gravées du Cabinet de Mgr. le duc d'Orléans (par La Chau et Le Blond). *Paris,* 1780-1784, 2 vol. in-fol., front. et fig., cart., *non rognés.*

Nombreuses figures gravées par *Saint-Aubin.*
Les culs-de-lampe sont des merveilles de dessin et de gravure.

221. Lamour. Recueil des Ouvrages en Serrurerie, que Stanislas, roy de Pologne, a fait poser sur la place royale de Nancy; composé et exécuté par Jean Lamour son serrurier ordinaire. *Nancy, s. d.* (*vers* 1760), gr. in-fol., pl., cart.

Titre gravé, dédicace, 5 ff. d'explication et 20 planches représentant les célèbres grilles de Nancy, des balcons, rampes d'escaliers, etc.

222. Lanci (M. A.). Trattato delle simboliche rappresentanze arabiche e della varia generazione de'Musulmani caratteri sopra differenti materie operati di Michel Angelo Lanci. *Parigi, Dondey-Dupré,* 1845-1846, 3 vol. in-4, 64 pl., demi-rel., *non rognés.*

Tiré à 125 exemplaires. L'atlas contient de beaux modèles décoratifs.

223. Langlois. Essai historique, philosophique et pittoresque sur les Danses des Morts par E.-H. Langlois, accompagné de cinquante-quatre planches et de nombreuses vignettes....

ouvrage complété et publié par André Pottier et Alfred Baudry. *Rouen*, 1852, 2 vol. in-8, demi-rel. mar. vert, *non rognés.*

Ouvrage des plus estimés.
Bel exemplaire provenant de la bibliothèque Yeméniz.

224. LUTHMER. Joaillerie de la Renaissance d'après des originaux et des Tableaux du XVe au XVIIe siècle par Ferdinand Luthmer. *Paris, Quantin, s. d.*, pet. in-fol., 30 pl. en noir et en couleurs, *en feuilles* dans un carton.

On y joint : Les Bijoux anciens et modernes, par Eug. Fontenay. Préface par V. Champier. Ouvrage illustré de 700 dessins inédits. *Paris, Quantin*, 1887, in-8, fig., *broché*.

225. MÉMOIRES pour servir à l'Histoire de l'Académie royale de peinture et de sculpture, depuis 1648 jusqu'en 1664, publiés pour la première fois par M. A. de Montaiglon. *Paris, Jannet*, 1853, 2 vol. in-12, veau, tr. dor. (*Hardy.*)

On y joint : Lettres patentes du Roy qui approuvent les nouveaux statuts de la Communauté des Peintres et Sculpteurs de l'Académie de Saint-Luc, de la ville de Paris, (1749), in-4, front. de *Guétard*.

226. MÉNARD (René). Vie privée des Anciens. Texte par René Ménard. Dessins d'après les monuments antiques, par Cl. Sauvageot. *Paris, Vve Morel et Cie*, 1880-1883, 4 vol. in-8, fig., demi-rel. dos et coins de mar. bleu, dos orné, tête dor., *non rognés.* (*Rousselle.*)

227. MONTFAUCON (B. de). Les Monumens de la Monarchie françoise, qui comprennent l'histoire de France avec les figures de chaque règne que l'injure des tems a épargnées. Par le R. P. dom Bernard de Montfaucon. *Paris*, 1729-1733, 5 vol. in-fol., pl., cuir de Russie, dos orné, fil., tr. dor. (*Rel. anc.*)

Cet ouvrage des plus importants pour l'histoire de France par les monuments de la sculpture, de la peinture, etc., est orné de 307 planches gravées en taille-douce.
Très bel exemplaire.

228. MURATORI. Novus Thesaurus Veterum Inscriptionum in præcipuis earumdem collectionibus hactenus prætermissarum, collectore Lud. Ant. Muratorio. *Mediolani*, 1739-1742, 4 vol. in-fol., fig., cart., *non rognés.*

Légère mouillure aux tomes III et IV.
On y joint : *Donatus (Séb.). Ad novum thesaurum veterum inscriptionum L. A. Muratori Supplementum.* Lucæ, 1775, 2 vol. in-fol., cart., *non rognés.*

229. **MUSIQUE**. BONANNI. Description des Instruments harmoniques en tout genre, par le Père Bonanni. Seconde édition revue, corrigée et augmentée par l'abbé H. Ceruti avec 140 planches gravées par A. Wanwesterout. *Rome*, 1776, in-4, front. et pl., cart., *non rogné.*

230. CASTIL-BLAZE. Chapelle musique des rois de France par Castil-Blaze. *Paris*, 1832, in-12, front., demi-rel.

On y joint : Thoinan. Les Origines de la Chapelle-Musique des Souverains de France. *Paris*, 1864, in-12, *broché*.

231. FÉTIS (F.-J.). Biographie universelle des Musiciens et Bibliographie générale de la Musique. Deuxième édition augmentée par F.-J. Fétis. *Paris, Didot*, 1860-1865, 8 vol. in-8, mar. bleu jans., tr. dor. (*Trautz-Bauzonnet.*)

Bel exemplaire parfaitement relié.

On y joint : 1° Supplément et complément publiés sous la direction de M. Arthur Pougin. *Paris*, 1881, 2 vol. in-8 ;

2° Histoire générale de la Musique, par F.-J. Fétis. *Paris*, 1869-1876, 5 vol. in-8.

Les 7 vol. sont en demi-rel. dos et coins de mar. bleu, tête dor., éb.

232. GIRONI. Saggio di R. Gironi intorno alla Musica dei Greci. *Milano* (*tip. G. Ferrario*), 1822, in-4, fig., cart.

Tiré à 30 exemplaires seulement, tous sur PAPIER VÉLIN. 8 planches coloriées et 2 feuillets de musique gravée.

233. GRÉTRY. Mémoires ou essais sur la Musique par le Cen Grétry. *Paris, impr. de la République*, 1797, 3 vol. in-8, portr., veau rouge, dos orné, dent., tr. dor.

PAPIER VÉLIN. Portrait de Grétry par Isabey avec et AVANT LA LETTRE.

234. LE FÈVRE D'ETAPLES. Musica libris quatuor demonstrata. *Parisiis, apud Gulielmum Cavellat*, 1552, in-4, cart.

Cinquième et dernière édition citée par Fétis de ce livre sur la musique de Jacques Le Fèvre d'Étaples. Le nom de l'auteur se lit à la dédicace à Nic. de Haqueville. Sur le titre la belle marque à la poule de *Cavellat*.

235. LICHTENTHAL. Dictionnaire de Musique, par le Dr Pierre Lichtenthal, traduit et augmenté par Dominique Mondo. *Paris*, 1839, 2 vol. in-8, *brochés*.

Mouillures.

On y joint : La Musique et la Pantomime, par Paul Hugonnet. *Paris*, *s. d.*, in-8 carré, *broché*.

Un des 25 exemplaires sur PAPIER DU JAPON.

236. MAGII (H.) Anglarensis. De Tintinnabulis, liber posthumus. Fr. Swertius. Notis illustrabat. *Amstelodami, sumptibus Andreæ Frisii*, 1664, pet. in-12, front. et pl., veau fauve, dos orné, fil., tr. dor. (*Thompson.*)

237. MEIBOMIUS (Marcus). Antiquæ Musicæ Auctores septem. Græce et latine. Marcus Meibomius restituit ac notis explicavit. *Amstelodami, apud Ludovicum Elzevirium*, 1652, 2 vol. pet. in-4, vélin.

Les anciens auteurs dont les écrits sont contenus dans ces volumes sont Aristoxenus, Euclides, Nicomachus, Alypius, Gaudentius, Bachius et Aristides.

Bel exemplaire dans sa première reliure.

238. MUSIQUE. Ouvrages divers. 2 vol. et 4 brochures.

Airs des opéras de Lulli, Manuscrit du XVIIe siècle, sur papier, 2 vol. — An Introduction to Singing, by Prelleur.— Recherches sur le Ranz des vaches par G. Tarenne. — Opuscules sur la chanson populaire de Wekerlin.

239. MUSIQUE. Ouvrages divers. *Paris*, 1752-1755, 3 vol. in-8, veau.

Rameau, Nouvelles réflexions sur le principe de l'harmonie, 1752. — Rameau, Observations sur notre instinct pour la musique, 1754. — J.-J. Rousseau, Lettre sur la musique, 1753. — Berard, l'Art du chant, 1755, etc.

240. MUSIQUE. Ouvrages divers. 1680-1865, 7 vol. et brochures.

Del Suono del R. P. D. Bartoli. — Dialogue sur la musique des anciens par l'Abbé de Châteauneuf. — Traité de musique par Bemetzrieder. — Traités inédits sur la musique du moyen-âge par Coussemaker.— La musique et l'imagerie du moyen-âge par H. Lavoix, etc.

241. OPUSCULES sacrés et lyriques ou Cantiques sur différens sujets de Piété. Avec les Airs notés (par Bonaffos de la Tour et Symon de Doncourt, publiés par D. Simon de Toul). *Paris, Nicolas Crapart*, 1772, 4 vol. in-8, front., mar. rouge, dos orné, fil. et dent., tr. dor. (*Rel. anc.*)

Bel exemplaire aux armes de la Communauté des Dames Carmélites. Ex-libris du comte Palmes d'Espaing.

242. PLAIN CHANT. Ouvrages divers. 1789-1861, 7 vol. et brochures.

Méthode pour apprendre le plain-chant, par Poisson. — Du chant liturgique par l'abbé Jouve, par Mignard, etc.

---

243. ORFÈVRERIE, joaillerie, etc. Ouvrages divers. 1845-1881, 10 vol, in-8 et in-4, reliés et *brochés*.

Trésor de Guarrazar, par de Lasteyrie. — Joyaux du duc de Guyenne, par L. Pannier. — Le Musée rétrospectif du métal, par G. Bapst. — Le livre de bijouterie de René Boyvin, etc.

244. **PEINTURE.** ARGENVILLE (d'). Abrégé de la vie des plus fameux peintres, avec leurs portraits gravés en taille-douce, les indications de leurs principaux ouvrages, quelques réflexions sur leurs caractères, et la manière de connoître les desseins des grands maîtres. Par M*** (Dezallier d'Argenville). — Supplément. *Paris, de Bure*, 1745-1752, 3 vol. in-4, front. et portr., veau.

Bel exemplaire de la PREMIÈRE ÉDITION. Les portraits du premier tirage sont très beaux d'épreuves.

245. CHEVREUL (E.). De la Loi du Contraste simultané des

couleurs et de l'assortiment des objets colorés. Par M. E. Chevreul. *Paris, Impr. Nationale,* 1889, in-4, pl., *broché.*

On y joint : L'Harmonie des Couleurs, par E. Guichard. *Paris,* 1880-1882, in-fol., pl. en couleurs, dans un carton.

246. DELAROCHE (P.). Œuvre de Paul Delaroche reproduit en photographie par Bingham, accompagné d'une notice sur la vie et les ouvrages de Paul Delaroche par H. Delaborde et du catalogue raisonné de l'œuvre par Jules Goddé. *Paris, Goupil et Cie*, 1858, in-fol., pl., demi-rel. dos et coins de mar. bleu, tête dor.

86 reproductions photographiques.

247. DESCAMPS. Vie des Peintres flamands et hollandais par Descamps, réunie à celle des peintres italiens et français par Dargenville. *Marseille,* 1840-1843, 5 vol. in-8, portr., demi-rel. chagrin vert.

248. FÉLIBIEN (André). Entretiens sur les vies et sur les ouvrages des plus excellents peintres anciens et modernes (par André Félibien). *Paris, Cramoisy,* 1685, 2 vol. in-4, demi-rel. dos et coins de mar. rouge, dos orné, tr. dor. (*Amand.*)

249. GÉLÉE (Cl.) et EARLOM (R.). Liber Veritatis, or a Collection of Prints, after the original Designs of Claude le Lorrain, in the Collection of his grace the duke of Devonshire (Earl Spencer, Rich. Payne Knight, Benjamin West, Ch. Lambert, etc.), executed by Richard Earlom, in the manner and taste of the Drawings. To which is added a Descriptive Catalogue of each Print. *London, Boydell and C°,* (1777)-1819, 3 vol. in-fol., portr. et fig., demi-rel., *non rognés.*

300 planches et 3 portraits de *Claude Lorrain, Rich. Earlom* et *Boydell.* Belles épreuves de PREMIER TIRAGE.

250. JOMBERT. Nouvelle Méthode pour apprendre à dessiner sans maître par Jombert. *Paris, Jombert,* 1740, in-4, fig., veau. (*Rel. anc.*)

120 planches par *A. Bosse, C. N. Cochin, Séb. Le Clerc, Farinaste,* etc. Planches de costumes et d'ornements.

251. PEINTRES. Ouvrages divers. 1775-1869, 9 vol. in-4 et in-8, cart. et *broché.*

Histoire de la Peinture en Italie, par l'abbé Lanzi. — Histoire de Michel-Ange Buonarotti, par Quatremère de Quincy. — Histoire de Léonard de Vinci, par A. Houssaye. — Velasquez et ses œuvres, par W. Stirling, etc.

252. PEINTRES. Ouvrages divers. 1855-1881, 8 vol. in-4 et in-8, cart. et *brochés.*

Le Poussin, par Bouchitté. — Histoire de Jouvenet, par Leroy. — Les

Andelys et Nicolas Poussin, par Gandar. — Jehan de Paris, par Renouvier. — Quelques preuves sur Jean Cousin, par J. Lobet, etc.

253. Peintres. Ouvrages divers. 1847-1876, 8 vol. in-8 et in-18, demi-rel., cart. et *brochés*.

Léopold Robert, par Feuillet de Conches. — François Gérard, par Lenormant. — Lettres et Pensées d'Hippolyte Flandrin. — Ingres par le Vte H. Delaborde. — P. P. Prudhon, par E. de Goncourt, etc.

254. Peinture. Ouvrages divers. 1673-1876, 6 vol. in-8, in-18 et in-12, veau, cart. et *brochés*.

L'Art de Peinture, de Du Fresnoy. — La Peinture, par Le Mierre, avec fig., de *Cochin*. — La Galerie des peintres célèbres, par Lecarpentier. — Les Maîtres d'autrefois, par Eug. Fromentin, etc.

255. Peinture. Ouvrages divers. 1787-1848, 6 vol. in-8 et in-18, demi-rel. et *brochés*.

Discours et Œuvres complètes de Reynolds. — Réflexions et menus-propos d'un peintre génevois, par R. Topffer.

256. Raphaël. Ouvrages divers sur Raphaël. 1675-1833, 6 vol. in-4, in-8 et in-12, veau, cart. et *broché*.

Recherche curieuse de la vie de Raphaël, par de Bombourg. — Histoire de la vie et des ouvrages de Raphaël, par Quatremère de Quincy, avec l'appendice, etc.

257. Société d'Aquarellistes français, ouvrage d'art publié avec le concours de tous les sociétaires. *Paris, Launette*, 1883, 2 vol. in-fol., fig., *en livraisons*.

Nombreuses planches en photogravure.

258. Thylesii (Ant.) Cosentini libellus de coloribus. *Lutetiæ, in ædibus Chr. Wechel*, (1529), in-12, cart.

On y joint : Des Couleurs Symboliques, par Fr. Portal. *Paris*, 1837, in-8, demi-rel. — Le Blason des Couleurs, par Sicille, publié par H. Cocheris. *Paris*, 1860, in-12, fig.

259. Watelet. L'Art de peindre, poëme avec des réflexions sur les différentes parties de la peinture. *Paris*, 1760, in-4, front. et fig., veau.

Première édition, illustrée d'un frontispice, d'un portrait de Watelet, par *Cochin*, et de 20 figures, par *Pierre*, gravés par *Watelet*.

---

260. Perrault (Ch.). Le Cabinet des Beaux-Arts ou recueil d'estampes gravées d'après les tableaux d'un plafond où les Beaux-Arts sont représentés. Avec l'explication de ces mêmes tableaux (par Perrault). *Paris, Edelinck*, 1690, pet. in-fol. obl., veau.

Joli volume entièrement gravé, orné d'un front. gravé et de 12 pl., par *La Fosse, Corneille, Boullongne, Coypel, Jouvenet*, etc.

261. PERSPECTIVE. Ouvrages divers. 1653-1716, 4 vol. in-12, pl., veau.

Moyen universel de pratiquer la Perspective, par A. Bosse. — Récréations mathématiques. — Méthode de lever les plans et les cartes.

262. POPELIN (Cl.). Ouvrages écrits ou illustrés par Claudius Popelin, la plupart sur les Beaux-Arts. *Paris*, 1878-1886, 7 vol. in-4 et in-8, portr., fig. et vign., *brochés*.

CLAUDIUS POPELIN. *Les Vieux Arts du feu.* — *Notice sur les Faïences dites Barbotines.* *Eugène Schopin à Montigny-sur-Loing.* — *Un cent de Strophes.* — *Collection Spitzer.* *Les Émaux peints.* — *Douze Sonnets.*

SAUZAY (Eugène). *Le Sicilien ou l'Amour-peintre, comédie-ballet de Molière, mise en musique par Eugène Sauzay.*

MASSON (Frédéric). *Montmorency-Luxembourg.*

La plupart de ces ouvrages, imprimés avec luxe et tirés à petit nombre, sont ornés d'en-têtes, culs-de-lampes, lettres ornées, encadrements dessinés par *Claudius Popelin* et gravés sur bois par *Prunaire.*

On y joint : 29 dessins originaux de *C. Popelin* au crayon noir, 39 gravures sur bois tirées sur PAPIER DE CHINE à l'état de FUMÉS, un portrait de Popelin, 2 sonnets et 8 lettres autographes diverses de *C. Popelin, E. Sauzay, Fr. Masson.*

263. ROGER MILÈS. Comment discerner les Styles du VIIIe au XIXe siècle. Par L. Roger-Milès. *Paris, Rouveyre, s. d.*, in-4, fig. et 113 pl., cart., *non rogné.*

On y joint : La Connaissance des Styles de l'ornementation, par D. Guilmard. *Paris, s. d.*, in-4, 42 pl., cart.

264. ROUBO. L'Art du Menuisier, par M. Roubo le fils. *S. l.* (*Paris*), 1769-1775, 4 part. en 3 vol. in-fol., pl., demi-rel.

Cet ouvrage est orné de 382 planches parmi lesquelles un grand nombre sont relatives à la décoration des boiseries d'appartements, des portes, lambris, des voitures en tous genres, des sièges, meubles, etc. Toutes ces compositions sont des époques de Louis XV et de Louis XVI.

Bel exemplaire.

265. SALVAGE. Anatomie du Gladiateur combattant, applicable aux beaux-arts, ou traité des os, des muscles, du mécanisme des mouvements, des proportions et des caractères du corps humain, par Salvage. *Paris*, 1812, in-fol., mar. rouge, dent., tr. dor. (*Bozérian.*)

22 planches en noir et sanguine.

266. SALZADE. Recueil des Monnoies tant anciennes que modernes, ou dictionnaire historique des monnaies qui peuvent être connues, avec leur poids, titre et valeur, par M. de Salzade. *Bruxelles*, 1767, in-4, mar. citron, fil., tr. dor. (*Rel. anc.*)

Bel exemplaire.

267. SCULPTURE. BENVENUTO CELLINI. La Vie de Benvenuto Cellini écrite par lui-même. Traduction Léopold Leclanché,

illustrée de neuf eaux-fortes par Laguillermie et de reproductions. *Paris*, *Quantin*, 1881, in-8, fig., *broché*.

268. BISELLIUS. Marmor Pisanum de Honore Bisellii. Parergon inseritur de Veterum Sellis, Synopsis appenditur de re donatica antiquorum, quam brevi spondet. Auctor. Val. Chimentellius. Accedit myiodia, sive de muscis odoris Pisanis epistola. *Bononiæ*, *ex typ. hæredis Victorii Benatii*, 1666, in-4, pl., mar. rouge, dos orné, fil., tr. dor. (*Rel. anc.*)

Dissertation sur les sièges honorifiques des dieux, déesses, empereurs, magistrats, etc. dans l'antiquité. 5 planches gravées sur cuivre par *V. Spada*.
Très bel exemplaire aux armes et chiffre de J. B. COLBERT.

269. CANOVA. Ouvrages sur Canova, 1818-1871, 4 vol. in-8, cart. et demi-rel.

Canova et ses ouvrages. — Lettres écrites de Londres à Rome et adressées à M. Canova, par Quatremère de Quincy, etc.

270. FABRETTI. Bellum et excidium Trojanum, ex antiquitatum reliquis, tabula præsertim, quam Raphael Fabrettus edidit, Iliaca delineatum, et adjecto in calce commentario illustratum à Laurentio Begero. *Berolini et Lipsiæ*, *apud Mich. Rudigerum*, 1699, in-4, fig., mar. rouge, dos orné, fil., tr. dor. (*Rel. anc.*)

Le volume contient une suite de 48 planches représentant les divers épisodes de la guerre de Troie, d'après les bas-reliefs conservés au Musée Capitolin et connus sous le nom de *Table Illiaque*.
Très bel exemplaire relié par *Derome*.

271. GIRONI. Saggio di R. Gironi intorno alla Scultura dei Greci. *Milano*, *tip. G. Ferrario*, 1823, in-4, fig., cart.

Tiré à 30 exemplaires seulement, tous sur PAPIER VÉLIN. 5 planches en noir et en couleurs.

272. RECUEIL des marbres antiques qui se trouvent dans la Galerie du Roy de Pologne à Dresden (gravés sous la direction de B. Le Plat). *Dresde*, 1733, gr. in-fol., front. et pl., basane.

Frontispice par *Bernigeroth* et 230 planches. Rare.

273. SCULPTURE et Sculpteurs. Ouvrages divers. 1859-1891, 4 vol. in-8, *brochés*.

La Vie et les Œuvres de J. B. Pigalle, par P. Tarbé. — Histoire d'Apelles, par H. Houssaye. — Pierre Puget, par L. Lagrange, etc.

274. SCULTURE del Palazzo della villa Borghese detta Pinciana. *Roma*, 1796, 2 vol. — Monumenti Gabini della villa Pinciana descritti da Ennio Quirino Visconti. *Roma*, 1797. Ens. 3 vol. in-8, 320 pl., cart.

275. THORWALDSEN. Intera Collezione di tutte le Opere inventate e scolpite dal Cav. Alberto Thorwaldsen, incisa a contorni con illustrazioni del chiarissimo abate Missirini. *Roma*, 1831, 2 tomes en un vol. in-fol., portr. et 125 pl., demi-rel. mar. vert.

---

276. STŒFFLER (J.). Elucidatio fabricæ ususque astrolabii, Joanne Stoflerino justingensi vivo germano, atque totius sphaericæ doctissimo autore... *Oppenheim (ad impressorem Georgius Simler, in ædibus J. Cobelii)*, 1524, pet. in-fol., fig., cart.

Mouillures. Nom coupé au titre.

277. TAPISSERIE. GUICHARD. Les Tapisseries décoratives du Garde-Meuble (Mobilier national). Choix des plus beaux modèles par Ed. Guichard. Texte par Alfred Darcel. *Paris, J. Baudry, s. d.*, (1881), in-fol., pl., demi-rel. dos et coins de mar. rouge, tête dor., *non rogné*.

Orné de 104 planches en noir et en couleurs. (La table indique 100 planches seulement).
Un des 25 exemplaires avec les planches sur CHINE.
Envoi à M. du Sommerard.

278. JUBINAL (A.). Les Anciennes Tapisseries historiées, ou collection des monumens les plus remarquables de ce genre, qui nous soient restés du moyen-âge, à partir du XIe siècle au XVIe inclusivement, texte par Achille Jubinal, gravures d'après les dessins de Victor Sansonetti. *Paris*, 1838, 2 vol. in-fol. oblong., demi-rel. dos et coins de mar. rouge, tête dor., *non rognés*.

Ces 2 volumes, tirés à un petit nombre d'exemplaires, renferment 124 planches d'anciennes tapisseries, dont celles de Nancy, de Bayeux, de Dijon, de Valenciennes, de Bayard, de la Chaise-Dieu, de Reims, de Berne, d'Aix, etc.
Exemplaire avec les planches coloriées.

279. TAPISSERIES du Roy ou sont représentez les quatre élémens et les quatre saisons de l'année. *Paris, impr. royale*, 1670, in-fol., fig., veau marbré, dos orné, fil., tr. dor. (*Rel. anc.*)

Contient 4 frontispices, 8 grandes planches doubles d'après *Lebrun* et 32 figures emblématiques tirées sur 16 feuilles. Ces estampes sont l'œuvre, de *Séb. Leclerc* et de *Bailly*.
Reliure aux ARMES ROYALES. Exemplaire donné par le Roi.

280. TAPISSERIE. Ouvrages divers, 1824-1873, 5 vol. in-fol. et in-8°, cart. et *brochés*.

Description de la Tapisserie de Bayeux par Le Thicullier. — Les Tapisseries de Haute-lisse, histoire de la fabrication lilloise par Houdoy. — Tapisseries représentant la conqueste du royaume de Thunes par Houdoy. — Recherches sur les tapisseries à personnages par Jubinal. — Tapisserie de Flandre qui formait l'intérieur de la tente de Charles le Téméraire.

---

281. THÉOPHILE, prêtre et moine. Essai sur divers arts, (peinture, dorure, enluminure, verrerie, orfèvrerie, etc., au XIe siècle), publié par le comte Charles de L'Escalopier, et précédé d'une introduction par Marie Guichard. *Paris,* 1843, in-4, demi-rel.

282. WILSEN. L'Art de bâtir les Vaisseaux et d'en perfectionner la construction. *Amsterdam, Mortier,* 1718-1719, 3 part. en un vol. in-4, pl. et fig., demi-rel.

Une seconde partie contient : *Les Pavillons ou bannières que la plupart des nations arborent en mer* avec 90 planches de pavillons.

3. GÉOGRAPHIE. TOPOGRAPHIE. VOYAGES. OUVRAGES SUR PARIS.

283. AMICO (Bernardino). Trattato delle piante e immagini de Sacri Edifizi di Terra Santa. Disegnate in Jerusalemme secondo le regole della prospettiva, e vera misura della lor grandezza dal R. P. F. Bernardino Amico da Gallipoli. *In Firenze, appresso Pietro Cecconcelli,* 1620, in-4, titre gravé et pl., basane.

Frontispice et planches gravées sur cuivre par *J. Callot.*

284. ATLAS des Corps administratifs et judiciaires. *Paris, Desnos, s. d.* (1790), pet. in-12, front. et cartes, mar. rouge, fil., tr. dor. (*Rel. anc.*)

Cartes de France par départements. Joli frontispice gravé.

285. ATLAS du plan des seigneuries de Dormelles et Challeau appartenantes à M. de Caumartin (Saint-Ange). Fait en 1768 par Lecoy. In-fol., veau.

Recueil comprenant 19 plans manuscrits à la plume et à l'aquarelle. Sur des feuillets, liste des terrains avec leur contenance et les redevances à payer, les noms de leurs propriétaires.

Dormelles et Challeau (où s'élevait un château bâti par François Ier) sont situés près de Moret, en Seine-et-Marne.

Reliure fatiguée aux armes de CAUMARTIN SAINT-ANGE.

286. BABIN (P.). Relation de l'état présent de la ville d'Athènes, batie depuis 3.400 ans, avec un abbrégé de son Histoire et de ses Antiquités (par le P. Babin). *Lyon, Pascal,* 1674, in-12, fig., vélin.

Volume fort rare. Bel exemplaire avec la planche de la vue d'Athènes.

On y joint un exemplaire de la réimpression faite en 1854 par les soins de M. de La Borde, in-12, demi-rel.

287. BEAUMONT (A.). Travels through the Rhætian Alps, in the Year 1786, from Italy to Germany, through Tyrol: by Albanis Beaumont. *London, Egerton,* 1792, in-fol., pl., cuir de Russie, fil.

Carte et 10 planches, gravures à l'aqua-tinte par *Apostool* d'après *Beaumont* et *Meyer.*

A la suite, du même auteur : *Travels through the Maritime Alps,* et *Select Views of the Antiquities and Harbours in the South of France,* avec 30 gravures à l'aqua-tinte de *Apostool.*

288. BEAURAIN. Plans et cartes des villes d'Artois, des Comtés de Flandre, d'Alost, Haynaut et Namur, du Duché de

Luxembourg, par le Chevalier de Beaurain. *A Paris, par le Chevalier de Beaulieu*, (1667), in-4 obl., pl., veau.

Recueil de plus de 200 vues et plans des principales villes des Flandre et de l'Artois.

289. Béchard et Palmiéri. L'Égypte et la Nubie. Grand Album monumental, historique, architectural. Reproduction par les procédés inaltérables de la phototypie de 150 vues photographiques par M. Béchard, avec un texte explicatif par M. A. Palmiéri. *Paris*, 1887, in-fol., pl., *en feuilles* dans un carton.

290. Bergier (Nicolas). Histoire des grands Chemins de l'Empire romain. *Bruxelles*, 1736, 2 vol. in-4, front. et pl., veau.

Ouvrage estimé.

291. Blaeu (J.). Novum Italiæ Theatrum, sive accurata descriptio ipsius Urbium, Palatiorum, Sacrarum Ædium, etc. Juxta delineationes defuncti D. Joannis Blaeu. *Hagæ Comitum, Rutgeri Christ. Alberts*, 1724-1726, 8 tomes en 4 vol. in-fol., pl., veau.

Piémont et Savoie, 2 vol. — Lombardie, Rome et Etats de l'Église, Naples et Sicile, 2 vol.

Superbe ouvrage orné de près de 400 cartes, plans et très belles planches représentant les palais de Turin, Milan, Venise, Rome, Naples, Gênes, etc.

Ex-libris macabre de Woggianus.

Bel exemplaire.

292. Blaeu (J.). Theatrum Civitatum et Admirandorum Italiæ, ad ævi veteris et præsentis temporis faciem expressum à Joanne Blaeu. *Amstelædami, J. Blaeu*, 1663, 2 vol. in-fol., front. et pl., vélin à recouvrements, fil., angles ornés et milieux, tr. dor.

Rome et les États ecclésiastiques. Plans, vues de villes et de monuments, cirques, obélisques, amphithéâtres, etc.

Bel exemplaire.

293. Boem (J.). Recueil de diverses Histoires touchant les situations de toutes regions et pays contenuz es trois parties du monde, avec les particulières mœurs, loix et cérémonies de toutes nations et peuples y habitans. Nouvellement traduict de latin en françois. *On les vend à Paris, par Galiot du Pré*, 1539, in-8 réglé, mar. brun jans., tr. dor. (*Hardy*.)

Volume rare, qui paraît être la traduction d'une importante compilation historique et géographique de Jean Boem.

L'ouvrage est divisé en 3 parties consacrées à l'Europe, à l'Asie et à l'Afrique.

Ce volume a été très bien imprimé en lettres rondes par *M. Fezandat.*

294. Bonne. Petit Tableau de la France ou cartes géographiques sur toutes les parties de ce royaume, avec une description

abrégée par M. Bonne. *Paris, Lattré*, 1764, pet. in-12, mar. rouge, dos orné, fil., tr. dor. (*Rel. anc.*)

Frontispice de *Gravelot* colorié et nombreuses cartes.

295. Bory de St-Vincent. Essais sur les Isles fortunées et l'antique Atlantide, ou précis de l'Histoire générale de l'Archipel des Canaries, par Bory de St-Vincent. *Paris, an XI* (1803), in-4, pl., demi-rel. mar. rouge, *non rogné*.

296. Bouton (J.). Relation de l'établissement des François depuis l'an 1635, en l'isle de la Martinique, l'une des Antilles de l'Amérique. Des mœurs des Sauvages, de la situation, et des autres singularitez de l'isle. Par le P. Jacques Bouton. *Paris, Séb. Cramoisy*, 1640, pet. in-8, vélin.

Première relation de l'établissement des Jésuites à la Martinique. Très bel exemplaire de ce volume fort rare.

297. Bradford (G.). Esquisses du Pays, du Caractère et du Costume, en Portugal et en Espagne, prises pendant la campagne et durant la marche de l'armée anglaise, en 1808 et 1809. Gravées et colorées d'après les desseins du Rev. Guillaume Bradford. Avec les explications et les descriptions propres à chaque sujet. *London, J. Booth*, 1812, in-fol., pl., demi-rel. dos et coins de cuir de Russie.

Campagne des Anglais en Espagne. Orné de belles planches en couleur, vues de villes, costumes civils et militaires, etc. Textes français et anglais. Bel exemplaire.

On a relié à la suite : *Revue historique des Événements mémorables de la Guerre dans la Péninsule... compilée et rédigée pour servir de supplément aux esquisses du Pays, Costumes, etc., par Rev. G. Bradford.* London, Booth, 1813, in-fol.

298. La Bretagne contemporaine, Sites pittoresques, Monuments, Costumes, Scènes de mœurs, Histoire, Légendes, Traditions et Usages des cinq départements de cette province. Dessins d'après nature par Félix Benoist, lithographiés par les premiers artistes de Paris. Texte par MM. Aurélien de Courson, Pol de Courcy, G. Du Mottay, etc. *Paris, H. Charpentier*, 1865, 5 part. en 2 vol. in-fol., carte et 164 pl., demi-rel. mar. rouge, tête dor., *non rognés*. (*R. Petit.*)

Bel exemplaire.

299. Brown (Ed.). Relation de plusieurs Voyages faits en Hongrie, Servie, Bulgarie, Macédoine, Thesalie, Autriche, Syrie, Carinthie, Carniole et Friuli. Traduit de l'anglais du sieur Edouard Brown. *Paris, Clouzier*, 1674, in-4, front. et fig., vélin.

On y joint : Viaggi di Pietro della Valle in Turchia, Persia e l'India. *Brighton*, 1843, 2 vol. in-8, cart.

300. Cassini. Atlas royal de la France et de ses frontières, levé

et publié par ordre du Roi, sous la direction de Mrs Cassini frères, Camus et de Montigny. *Paris,* 1766, 2 vol. in-fol., veau marbré. (*Rel. anc.*)

157 cartes générales et particulières de la France et 2 plans de Paris. Bel exemplaire.

301. CIVITATES ORBIS TERRARUM. *Coloniæ, Braun et Hogenberg,* 1572-1618, 6 tomes en 3 vol. in-fol., front. et fig., vélin à recouvrements, milieux et coins dorés, tr. dor. (*Rel. anc.*)

Cet ouvrage est orné d'un nombre considérable de plans et de vues de villes gravés sur cuivre par *Hogenberg* et *Simon Van den Noevel,* d'après des documents fournis par *G. Hoefnagel, C. Chaymon,* etc.

Les planches sont accompagnées de personnages en costumes du temps et aussi de scènes de mœurs.

L'ouvrage comprend 6 frontispices gravés, avec titres en latin, et 364 planches coloriées.

Quelques feuillets jaunis. Le frontispice du tome III est un peu plus court.

302. CIVITATES orbis terrarum. *Coloniæ,* 1572-1599, 3 vol. in-fol., pl., demi-rel.

Fragment de l'ouvrage précédent comprenant 177 planches en noir. Nombreuses vues de France, d'Espagne et d'Italie.

303. CLUVERII (Ph.) Italia Antiqua; opus post omnium curas elaboratissimum; tabulis geographicis ære expressis illustratum. Ejusdem Sicilia Sardinia et Corsica cum Indice locupletissimo. *Lugduni Batavorum, ex officina Elseviriana,* 1624, 2 vol. in-fol., portr., titre gravé et cartes, vélin.

On y joint : 1° Sicilia antiqua. Item Sardinia et Corsica. *Lugduni Batavorum, ex off. Elseviriana,* 1619, in-fol., titre gravé, cartes et plans, vélin.

2° Germaniæ antiquæ. Libri tres. Adjectæ sunt Vindelica et Noricum. *Lugduni Batavorum, ex officiana Elzeviriana,* 1631, in-fol., portr., titre gravé, cartes et pl., vélin.

Beaux volumes ornés de nombreuses cartes et figures.

304. CORONELLI. Isolario, Descrittione geographico-historica. Ornato de 310 tavole. Opera e studio del P. Maestro Vincenzo Coronelli. *Venetia,* 1697, 2 vol. in-fol., portr., cartes et pl., basane.

Plans et descriptions de toutes les îles du vieux et du nouveau Monde.

305. DAVILLIER (Ch.). L'Espagne par le Baron Ch. Davillier, illustrée de 309 gravures dessinées sur bois par Gustave Doré. *Paris, Hachette,* 1874, in-fol., fig., cart., fers spéciaux, tr. dor. (*Rel. de l'éditeur.*)

306. DEVAL. Deux années à Constantinople et en Morée (1825-1826) ou Esquisses historiques sur Mahmoud, les Janissaires, etc. par M. C. D. (Deval). *London et Paris,*

1828, in-8, fig., veau fauve, fil., milieux à froid, tr. dor. (*Germain-Simier.*)

16 belles planches de costumes en or et en couleurs.

307. DODWELL. Views in Greece, from drawings by Edward Dodwell, etc. *London, Rodwell and Martin*, 1821, in-fol., pl., demi-rel. veau, tr. marbr.

Orné de 30 superbes planches en couleurs.

308. DU HALDE (J. B.). Description géographique, historique, chronologique, politique et physique de l'Empire de la Chine et de la Tartarie chinoise. Par le P. J. B. Du Halde. *Paris, Le Mercier*, 1735, 4 vol. in-fol., pl. et carte, veau fauve.

Exemplaire tiré sur GRAND PAPIER.

309. DU LOIR. Voyage du Sieur du Loir, contenu en plusieurs lettres écrites du Levant, avec plusieurs particularités qui n'ont point encore esté remarquées touchant la Grèce, et la domination du Grand Seigneur, la Religion et les mœurs de ses sujets. *Paris, F. Clouzier*, 1654, in-4, veau, dos orné, fil., tr. dor.

Bel exemplaire.

310. DUPAIX (Colonel). Antiquités Mexicaines. Relation des trois expéditions du Colonel Dupaix, ordonnées en 1805, 1806 et 1807, pour la recherche des Antiquités du pays; suivie d'un parallèle de ces monuments avec ceux de l'Egypte, de l'Indostan et du reste de l'ancien monde, par M. Alexandre Lenoir; avec un discours préliminaire par M. Ch. Farcy, etc. *Paris, (impr. de J. Didot aîné)*, 1834, 2 vol. in-fol., pl., demi-rel. chagrin rouge, plats ornés.

Orné de 167 planches lithographiées.

311. ESTOURMEL (J. d'). Journal d'un Voyage en Orient, par le Comte J. d'Estourmel. *Paris, Crapelet*, 1844, 2 vol. gr. in-8, fig., demi-rel. dos et coins de mar. vert, tête dor., éb. (*David.*)

Très bel ouvrage orné de 160 figures lithographiées d'après les dessins de l'auteur.

312. FERRARIO (G.). Descrizione della Palestina o storia del Vangelo, dal Giulio Ferrario. *Milano*, 1831, in-8, 33 pl., cart., *non rogné.*

PAPIER VÉLIN. Jolies figures coloriées.

313. FEYNES. Voyage faict par terre depuis Paris jusques à la Chine par le Sr de Feynes, avec son retour par mer.

Paris, Rocolet, 1630, in-8, front. de Rabel, mar. rouge, tr. dor.

Voyage entrepris par ordre du roi Louis XIII, pour aller reconnaître l'étendue des possessions des Portugais en Asie.
Très bel exemplaire.

314. Floris (B.). Atlas de la Hollande, par Floris Balthasar. (*Hollande*), 1609-1611, pet. in-fol., vélin, fil., milieux. (*Rel. anc.*)

Collection de 46 cartes gravées sur cuivre et coloriées. Sur plusieurs feuilles se trouvent des écussons armoriés et coloriés.
Le même volume renferme 11 cartes manuscrites et 2 gravées.

315. Froes (L.). Lettres du Jappon, de l'an 1580. Envoyées par les prestres de la Compagnie de Jésus, vacans à la conversion des infidèles audit lieu. Coppie d'une lettre du père Louys Froës, escrite aux pères, et Frères de la Compagnie de Jésus. *Lyon, Benoist Rigaud,* 1580, in-8 de 46 ff. chiffr. et 1 f. non chiffr., cart.

Renseignements intéressants sur le Japon au XVIe siècle.

316. Grelot. Relation nouvelle d'un Voyage de Constantinople, enrichie de plans levez par l'auteur sur les lieux, et des figures de tout ce qu'il y a de plus remarquable dans cette ville (par Grelot). *Paris,* 1689, in-4, pl., mar. orange, fil., tr. dor. (*Rel. anc.*)

Très-bel exemplaire de De Bure. Reliure de *Chaumont.*

317. Guimet (Em.). Promenades japonaises. Texte par Émile Guimet. Dessins d'après nature par Félix Régamey. *Paris, Charpentier,* 1878, in-4, pl., *broché.*

Papier de Hollande. Figures en couleur en double état.

318. Hérissant. Nouvelles Recherches sur la France ou Recueil de Mémoires historiques sur quelques Provinces, Villes et Bourgs du Royaume (publiés par L. T. Hérissant). *Paris, Hérissant fils,* 1766, 2 vol. in-12, veau.

On y joint : 1° Nouveau voyage de France, par M. L. R. (Saugrain). *Paris,* 1723, in-12, pl., veau. — 2° La Géographie françoise des Provinces de France, par P. du Val, 1677, in-12, pl. d'armoiries et cartes, veau.

319. Heulhard (A.). Rabelais, ses voyages en Italie, son exil à Metz. *Paris,* 1891, in-4, portr. et fig. en noir et en couleur, *broché.*

320. Hodges (William). Choix de Vues de l'Inde, dessinées sur les lieux, pendant les années 1780, 1781, 1782 et 1783, et exécutées en aqua-tinta, par W. Hodges. *London, Edwards, s. d.* (1786), in-fol., pl., mar. rouge, dos orné, dent., tr. dor. (*Rel. anc.*)

Très bel exemplaire orné de 48 très jolies planches dessinées et gravées par *W. Hodges* et coloriées. Textes anglais et français.

321. JACOTTET. Souvenirs des Pyrénées, par J. Jacottet, ou choix des sites les plus pittoresques, des établissements thermeaux et des environs. *Paris, Gihaut frères, s. d.* (*vers* 1840), in-fol., pl., demi-rel. dos et coins de mar. rouge, dos orné. (*Rel. du temps.*)

54 belles planches lithographiées. Rare.

322. JAN. The Clans of the Scottish Highlands, illustrated by appropriate Figures, displaying their Dress, Tartans, Arms, Armorial insignia, and social occupations from Original Sketches, by R. R. Mc Jan Esq. With accompanying Description and Historical Memoranda of Character, Mode of Life, etc., etc. by James Logan, Esq. *London, Ackermann and Co*, 1845, 2 vol. in-fol., front. et pl., demi-rel. dos et coins de mar. rouge, tête dor.

Très-bel exemplaire de la PREMIÈRE ÉDITION de cet ouvrage important ornée de 74 planches de costumes très bien coloriées.

323. LABORDE (Cte Alexandre de). Les Monumens de la France classés chronologiquement et considérés sous les rapports des faits historiques et de l'étude des Arts. Les dessins faits d'après nature par MM. Bourgeois et Bance, etc. *Paris, impr. de P. Didot l'aîné,* 1816-1836, 2 vol. in-fol., front. et fig., mar. rouge, dos orné, fil., tr. dor. (*Closs.*)

Très belle publication ornée de 260 planches y compris le frontispice. Exemplaire tiré sur PAPIER VÉLIN, dans une belle reliure.

324. LE CLERC (Jean). Histoire des Provinces unies des Païs-Bas, par M. Le Clerc. Depuis la naissance de la république jusqu'en 1715. Avec les principales médailles et leur explication. *Amsterdam, Z. Chatelain,* 1728-1737, 3 tomes en 2 vol. in-fol., front., carte et pl., veau.

325. LESSEPS (de). Journal historique du voyage de M. de Lesseps, consul de France, employé dans l'expédition de M. le comte de La Pérouse, depuis l'instant où il a quitté les frégates françoises, au port Saint-Pierre et Saint-Paul du Kamtschatka. *Paris, impr. royale,* 1790, 2 vol. in-8, pl. et cartes, mar. rouge, fil., tr. dor. (*Rel. anc.*)

Voyage à travers la Sibérie, la Russie et l'Allemagne. Cartes et planche gravée par *Choffard.*

J.-B. de Lesseps avait été chargé par La Pérouse d'apporter en France des nouvelles du voyage ; ce fut ainsi qu'il échappa au désastre de l'expédition.

326. LOUIS XV. Cours des principaux Fleuves et Rivières de l'Europe, composé et imprimé par Louis XV. *Paris, Impr. du cabinet de S. M. dirigée par J. Collombat,* 1718, in-8, mar. violet, dos orné, dent., tr. dor. (*Simier.*)

Ce rare volume a été imprimé par les soins du roi Louis XV, et tiré à très-petit nombre.

Manque le portrait de Louis XV enfant.

327. MAFFEI. L'Histoire des Indes orientales et occidentales, du R. P. J. Pierre Maffé de la Compagnie de Jésus, traduite du latin en françois par M. de Pure. *Paris*, 1645, in-4, mar. rouge, fil., tr. jaspée. (*Rel. anc.*)

328. MAHMOUD Rayf Efendi. Tableau des nouveaux Reglemens de l'Empire ottoman. *Imprimé sous la direction d'Abdur-rahman Efendi, à Constantinople*, 1798, in-fol., pl., basane.

Ce volume, véritable curiosité typographique, est orné de 27 grandes planches, dont plusieurs doubles gravées sur cuivre, représentant les canons, mortiers, casernes, poudrières, la disposition des camps, les mouvements pour l'exercice des troupes, les différents vaisseaux de guerre, etc. de l'armée turque. Rare.

329. MAYER (L.). Vues en Egypte, d'après les dessins originaux en la possession de Sir Robert Ainslie, pris durant son ambassade à Constantinople par Louis Mayer: gravés par Thomas Milton, et sous sa direction; avec des observations historiques et des remarques particulières sur les mœurs et les usages des habitants de ce pays. *Londres, Bowyer*, 1802, in-fol., pl., veau marbr., dent. (*Rel. anc.*)

Beau recueil orné de 48 planches coloriées : vues, monuments, costumes, scènes de mœurs, etc.

330. MAYER (L.). Views in the Ottoman Dominions, in Europe, in Asia, and some of the Mediterranean Islands, from the original Drawings taken for Sir Robert Ainslie, by Luigi Mayer. *London, Bowyer*, 1810, in-fol., pl., mar. rouge, dent. à froid, fil. dorés, tr. dor. (*Rel. du temps.*)

Orné de 71 planches coloriées, vues de villes, de monuments, scènes diverses, etc.

331. MAYER (L.). Vues en Palestine, d'après les dessins originaux de Luigi Mayer; avec une relation historique et descriptive du pays, et des lieux principaux qu'on y remarque. *London, Bowyer*, 1804, in-fol., pl., mar. rouge, dent., tr. dor. (*Binder.*)

24 planches en couleurs, vues diverses, costumes, tombeaux, ruines, etc.
Le même volume renferme : *Vues dans l'Empire Ottoman, avec un choix de quelques vues curieuses, d'après les originaux, par Louis Mayer*. Londres, Bowyer, 1803, in-fol., 24 planches en couleurs, vues diverses, costumes, ruines, etc.
Ensemble 48 planches en couleurs par *Louis Mayer*.

332. MENDEZ-PINTO. Les Voyages advantureux de Fernand Mendez Pinto, fidèlement traduicts de Portugais en François par le sieur Bernard Figuier, gentil-homme Portugais. *Paris*, 1628, in-4, vélin.

Voyages en Chine, Tartarie, Siam, etc. A la suite : Abrégé de la vie et de la mort de Saint-François Xavier.

333. MUNSTER. Cosmographiæ universalis lib. VI. Autore

Sebast. Munstero. *Basileæ, apud Henrichum Petri,* 1550, pet. in-fol., fig. et cartes, vélin estampé. (*Rel. anc.*)

Cette édition est la plus ancienne citée de cet ouvrage important recherché pour les nombreuses cartes et figures sur bois dont il est orné. Parmi les plans on remarque celui de la ville de Paris qui est un des plus anciens qui aient été publiés de cette cité.

Ce plan est signé du monogramme du graveur *Hans Deutsch.* Exemplaire bien conservé.

334. NATTES. Bath, illustrated by a series of Wiews, from the Drawings of John Claude Nattes; with descriptions to each plate. *London, W. Miller,* 1806, in-fol., pl., demi-rel. mar. rouge, dos orné, *non rogné.* (*Simier.*)

Vues de la ville de Bath, station thermale dans le comté de Somerset en Angleterre.

Orné de 2 vignettes et 28 belles planches en couleurs par *J. Hill.*

Bel exemplaire au chiffre de la Duchesse de BERRY.

335. NORMAND. La Troie d'Homère, par Charles Normand. *Paris, s. d.*, gr. in-4, 27 pl., *en feuilles,* dans un carton.

PAPIER SIMILI JAPON.

336. PACIFIQUE (P.). Relation du Voyage de Perse faict par le R. P. Pacifique de Provins, ou vous verrez les remarques particulières de la Terre Sainte. *Paris,* 1631, in-4, basane.

Dans le même volume : *Les Voyages du Sieur du Loir, contenus en plusieurs lettres écrites du Levant.* Paris 1654 ; et *Les Observations de plusieurs singularitez et choses mémorables trouvées en Grèce, Asie, Judée, Eg ypte, etc., par P. Belon du Mans.* Paris, 1588.

PARIS.

337. ALPHAND (A.). Les Promenades de Paris. Histoire, description des embellissements, dépenses de création et d'entretien des bois de Boulogne et de Vincennes, Champs-Elysées, parcs, squares, boulevards, places plantées. Etude sur l'art des jardins et arboretum, par A. Alphand. 487 gravures sur bois, 80 sur acier, 23 chromolithographies. *Paris, J. Rothschild,* 1867-1873, 2 vol. gr. in-fol., demi-rel. dos et coins de mar. rouge, tête dor. *non rognés.* (*Rousselle.*)

Très bel ouvrage.

Exemplaire en GRAND PAPIER avec les planches tirées sur CHINE.

338. ARRÊTS de la Cour de Parlement pour la diminution des Loyers des Maisons dans la Ville et Faux bourgs de Paris. 3 vol. in-4 et in-12, cart.

Deux éditions différentes de 1649 et une de 1689.

On y joint : Edit du Roy portant création en titre d'office héréditaire des Jurez Crieurs d'enterrement, 1690.

339. ARRÊTS et ordonnances des XVIIe et XVIIIe siècles. Environ 300 brochures in-4, *en feuilles.*

Ces arrêts, dont la plupart se rapportent à la ville de Paris, concernent les substances alimentaires (90), l'imprimerie et la librairie (38), les voitures et carrosses (45), la voirie, la fabrication des étoffes, etc., etc.

340. BALADES dans Paris. Au Moulin de la Galette. A l'Hôtel Drouot. Sur les Quais. Au Luxembourg. Notes inédites par MM. E. R. (odrigues), Paul Eudel, B. H. Gausseron et Adolphe Retté. *Paris, Imprimé pour les Bibliophiles Contemporains,* 1894, in-8 carré, fig., *broché.*

4 figures par *A. Bertrand* en noir et en couleur, vignettes en-têtes et encadrements en couleur à chaque page par *A. Lunois.*
Tiré à 180 exemplaires. Couverture conservée.

341. BALDUS. Palais de Versailles. Grand et Petit Trianon. Motifs de décoration intérieure et extérieure reproduits par les procédés d'héliogravure de E. Baldus. *Paris, V*ve *A. Morel et C*ie, 1876, in-fol., 100 pl., *en feuilles,* dans un carton.

342. BEAUMONT. Gouverneurs, Lieutenants du Roy, Prévosts des Marchands, échevins, procureurs, avocats du roy, greffiers, receveurs, conseillers et quartiniers de la ville de Paris. Gravées par Beaumont. *Paris,* (*vers* 1760), in-fol., pl., mar. rouge, dos orné, dent., coins fleurdelisés, tr. dor. (*Rel anc.*)

Armoiries des gouverneurs, prévôts, échevins de Paris, gravées en taille-douce.
La reliure porte les armes de la VILLE DE PARIS.

343. BIBLIOTHÈQUES parisiennes. *Paris,* 1860-1875, 4 vol. pet. in-8, fig., *brochés.*

A. Franklin : Histoire de la Bibliothèque Mazarine. — Recherches sur la Bibliothèque de la Faculté de Médecine de Paris. — La Sorbonne, ses origines, sa bibliothèque. — Précis de l'Histoire de la Bibliothèque du Roi.

344. BOILEAU (Étienne). Réglemens sur les Arts et Métiers de Paris, rédigés au XIIIe siècle, et connus sous le nom du Livre des Métiers d'Etienne Boileau ; publiés avec notes et introduction, par G. B. Depping. *Paris, Crapelet,* 1837, in-4, demi-rel. mar. noir, éb.

345. BONNARDOT. Études archéologiques sur les anciens plans de Paris, par A. Bonnardot, Parisien. — Dissertations archéologiques sur les anciennes enceintes de Paris, suivies de recherches sur les portes fortifiées qui dépendaient de ces enceintes. Appendice aux études archéologiques sur les anciens plans de Paris, et aux dissertations sur les enceintes de Paris. *Paris,* 1851-1877, 3 vol. in-4, pl. et fig., *brochés.*

Exemplaires de l'auteur, imprimés sur PAPIER DE HOLLANDE.

346. BOUILLART (Dom Jacques). Histoire de l'Abbaye royale de Saint-Germain-des-Prez contenant la vie des Abbez qui l'ont gouvernée depuis sa fondation : les hommes illustres

qu'elle a donnez à l'Eglise et à l'Etat : les privileges accordez par les Souverains pontifes et par les Evêques, etc. Avec la description de l'église, des tombeaux et de tout ce qu'elle contient de plus remarquable, par Dom Jacques Bouillart. *A Paris, chez Grégoire Dupuis*, 1724, in-fol., pl., fig., veau, fil., tr. rouge.

Bel exemplaire en GRAND PAPIER aux armes de BERNARD DE RIEUX.

347. BRETEZ (L.). Plan de Paris commencé l'année 1734. Dessiné et gravé, sous les ordres de Etienne Turgot, levé et dessiné par Louis Bretez, gravé par Claude Lucas. *Paris*, 1739, in-fol., mar. rouge, dent., tr. dor. (*Rel. anc.*)

Ce plan se compose de 20 feuillets et d'un tableau d'assemblage.
Exemplaire aux armes de la VILLE DE PARIS.

348. CÉRÉMONIES faites à Notre-Dame, 1649-1675, 3 vol. in-4, mar. rouge et cart.

Relation curieuse et remarquable de la Pompe royale du jour de la Saint-Louis, 1649, 2 exemplaires dont un en mar. rouge avec armoiries incomplet du titre. — La Vie et la Mort du Vicomte de Turenne avec ce qui s'est passé en l'église de Saint-Denys et au service solennel en l'église Nostre-Dame, 1675.

349. CORROZET. Les Antiquitez, Croniques et Singularitez de Paris, ville capitale du royaume de France. Avec les fondations et bastiments des lieux, les sepulchres et épitaphes des Princes, etc. Par Gilles Corrozet, parisien, et depuis augmemtées, par N. B. (Bonfons) parisien. *Paris*, 1586-1588, 2 parties en un vol. in-8, fig., mar. rouge jans., tr. dor. (*Thibaron.*)

Édition importante parce qu'elle est ornée d'un certain nombre de figures sur bois par *Rabel* représentant des églises parisiennes et les monuments qui s'y trouvaient.
Bel exemplaire.

350. COURSES DE TESTES et de Bagues faites par le Roy et par les Princes et Seigneurs de sa Cour en l'année 1662, (rédigé par Ch. Perrault, avec une relation en vers latins par Fléchier). *Paris, imprimerie royale*, 1670, in-fol., pl., mar. rouge, dos orné, dent., tr. dor. (*Rel. anc.*)

Ce beau volume, orné de 96 pl. par *Israël Silvestre* et *Chauveau*, nous donne la représentation du splendide carrousel qui eut lieu dans les terrains vagues qui s'élevaient à l'est des Tuileries et qui depuis ont, pour cette raison, pris le nom de place du Carrousel.
Les planches représentent l'itinéraire du cortège dans les rues Saint-Honoré, de Richelieu et Saint-Nicaise ; les figurants des différents quadrilles, les trompettes, timbaliers, palefreniers qui accompagnaient les princes et seigneurs, et enfin le Carrousel.
Légères mouillures.
La reliure porte les armes de LOUIS XIV.

351. COURVOISIER. Vues de Paris dessinées par Courvoisier gravées par Dubois, Blanchard, Guiguet, Michon, Garneray.

A Paris, chez Basset, s. d. (1815-1818), in-fol. obl., *en feuilles.*

61 planches importantes pour l'histoire de Paris sous la Restauration. Plusieurs représentent des cérémonies officielles ayant eu lieu à cette époque.

352. Les Coustumes observees et gardees en la Prevoste et Viconte de Paris. *S. l. n. d.* (*Paris, Veuve Trepperel,* 1510), pet. in-8 goth. de 48 ff., *dérelié.*

Edition non citée de cet ancien texte de la Coutume de Paris. Manque 2 ff. dans le cahier *d.*

353. Delamare. Traité de la Police, où l'on trouvera l'histoire de son établissement, les fonctions et les prérogatives de ses magistrats; toutes les loix et tous les réglemens qui la concernent. On y a joint une description historique et topographique de Paris, avec un recueil de tous les statuts et réglements des six corps des Marchands et de toutes les communautés des Arts et Métiers. Seconde édition augmentée. *Paris, Michel Brunet,* 1722-1738, 4 vol. in-fol., fig. et plans, veau.

Renferme plusieurs plans de Paris.

354. Delamare. Traité de la Police, ou l'on trouvera l'histoire de son établissement. On y a joint une description historique et topographique de Paris. *Amsterdam,* 1729, 4 tomes en 2 vol. in-fol., pl., veau.

355. Delorme (Hugues). Quais et Trottoirs. 13 lithographies en couleurs de Heidbrinck. *Paris, imprimé pour les Cent Bibliophiles,* 1898, in-8, fig., *broché.*

Tiré à 115 exemplaires.

356. Demachy. Graphic Illustrations of the most prominent Features of the French Capital; with characteristic Figures in the Foregrounds : comprised in twelve stroke Engravings from accurate Designs taken in Paris, during the imperial Reign of Buonaparte. *London, s. d.,* in-fol., demi-rel.

12 grandes planches gravées par *Sparrow, Porter, Angus,* d'après *Demachy.* Suite curieuse et rare.

357. Description des Festes données par la ville de Paris, à l'occasion du mariage de madame Louise-Elisabeth de France, et de dom Philippe, infant et grand-amiral d'Espagne. *Paris, Le Mercier,* 1740, gr. in-fol., pl., veau marbré, dos orné, tr. dor. (*Rel. anc.*)

Très belles planches par *Blondel* : bals à l'Hôtel-de-Ville, feux d'artifice sur la Seine, etc. Reliure aux armes de la Ville de Paris. Exemplaire fatigué. Un plat de la reliure détaché.

358. Descriptions de Paris et des Environs, 1761-1789, 11 vol. in-12, fig., veau, demi-rel. et *broché.*

Almanach Parisien. — Curiosités de Paris, Versailles, Marly, etc. par

L. R. (Saugrain), 1771, 2 vol. — Voyage pittoresque de Paris, par M. D*** (Dezallier d'Argenville), 1770. — Almanach du voyageur à Paris par M. (Thiéry), 1783. — Etat actuel de Paris, 1789, etc.

359. DESJARDINS (G.). Le Petit-Trianon, histoire et description par Gustave Desjardins. *Versailles, Bernard*, 1885, in-4, pl., *broché.*

Livre des plus intéressants orné de jolies planches, quelques-unes en couleurs.

Un des 15 exemplaires imprimés sur PAPIER DE CHINE avec les figures en double épreuve.

360. DIVERS OUVRAGES sur des Monuments de Paris, 1807-1882, 13 vol. et brochures in-4, in-8 et in-12, cart. et *brochés.*

Antiquitez gauloises et romaines recueillies dans les Jardins du Palais du Sénat, par Grivaud. — Vues pittoresques de la Cathédrale de Paris, par Chapuy. — Notices sur l'Hôtel de Cluny et sur le Palais des Thermes. — L'Hôtel de la reine Marguerite, par Ch. Duplomb. — Notice sur l'École Massillon, par Lallemand. — Les Eglises gothiques, etc.

361. DIVERS OUVRAGES sur Paris et les Environs, 1844-1855, in-4 obl. et gr. in-8, fig., cart. et *brochés.*

Abus de Paris par M. et Fr. Girault, 1844, PREMIER TIRAGE (Rare). — Paris chez soi, 1855. — Les Environs de Paris, 1855. — Diable de Paris, bamboches, plaisirs, farces, etc. par Victor Adam, 20 pl. lith.

362. DU BOULAY. Historia Universitatis Parisiensis, ipsius fundationem, nationes, facultates, magistratus, decreta, censuras et Judicia in negotiis fidei, privilegia, comitia, legationes, reformationes. Item antiquissimas Gallorum academias, aliarum quoque Universitatum et religiosorum ordinum, qui ex eadem communi matre exierunt, institutiones et fundationes, alia que id genus cum instrumentis publicis et authenticis à Carolo M. ad nostra tempora ordine chronologico complectens. Authore Cæsare Egassio Bulæo. *Parisiis, Franç. Noel*, 1665-1673, 6 vol. in-fol., veau. (*Rel. anc.*)

Cet ouvrage s'étend depuis les origines les plus anciennes de l'Université de Paris, jusqu'à la fin du seizième siècle. Du Boulay a compulsé avec une singulière patience, les archives dont il était le dépositaire et il en a extrait d'innombrables pièces, bulles, chartes, etc., qui, reliées par de courtes explications, forment l'histoire la plus authentique de l'Université.

Ce recueil est devenu fort rare. Bel exemplaire. Cachets sur les titres.

Ex-libris du cardinal de ROHAN.

363. DU BREUL (J.). Supplementum Antiquitatum urbis Parisiacæ, quoad Sanctorum Germani à Patris, et Mauri Fossatensis Cœnobia, auctore patre J. Du Breul. *Parisiis*, 1614, in-4, vélin, double rangée de fil., tr. dor. (*Rel. anc.*)

Très bel exemplaire de ce rare supplément.

364. DULAURE (J. A.). Histoire physique, civile et morale de Paris, depuis les premiers temps historiques jusqu'à nos

jours. Ornée de gravures. *Paris*, 1821-1822, 7 vol. in-8, plans et fig., veau, tr. marbr.

PREMIÈRE ÉDITION.

365. DULAURE. Histoire physique, civile et morale de Paris par J.-A. Dulaure. Sixième Edition, augmentée de Notes nouvelles et d'un appendice par J.-L. Belin. *Paris, Furne et Cie*, 1837, 8 vol. in-8, fig., demi-rel. basane.

366. DU PLESSIS. Nouvelles Annales de Paris, jusqu'au règne de Hugues-Capet. On y a joint le Poëme d'Abbon sur le fameux siège de Paris par les Normands en 885 et 886, par dom Toussaints Du Plessis. *Paris*, 1753, in-4, pl., cart.

On y joint : Le premier Siège de Paris, an 52 avant l'ère chrétienne, par Henry Houssaye. *Paris*, 1876, in-12, carte, *broché*. Envoi autographe d'auteur.

367. FÉLIBIEN (Michel). Histoire de la Ville de Paris, composée par D. Michel Félibien, revue, augmentée et mise au jour par D. Guy-Alexis Lobineau, justifiée par des preuves autentiques et enrichie de plans, de figures, et d'une carte topographique. *Paris, Guill. Desprez*, 1725, 5 vol. in-fol., front., fig. et pl., demi-rel. dos et coins de mar. rouge, *non rognés*.

Jolies vignettes par *Hallé* et nombreuses planches de vues de monuments.

368. FRANKLIN. Les Anciens Plans de Paris. Notices historiques et topographiques par Franklin. *Paris*, 1878, 2 vol. in-4., fig., *brochés*.

369. FRÉMY (Ed.). Origines de l'Académie Française. L'Académie des derniers Valois, Académie de Poésie et de Musique, 1570-1576, Académie du Palais, 1576-1585, par Edouard Frémy. *Paris, Leroux*, 1887, gr. in-8, portr., *broché*.

370. GRANET. Histoire de l'Hôtel royal des Invalides où l'on verra les secours que nos Rois ont procurés dans tous les temps aux officiers et soldats hors d'état de servir. Par J. J. Granet. *Paris, Desprez*, 1736, in-fol., front. et pl., veau.

Nombreuses planches par *Cochin*.

371. HISTOIRE générale de Paris. Collection de documents. *Paris, Impr. impériale et nationale*, 1866-1895, 28 vol. gr. in-4, pl. en noir et en couleurs, cart., *non rognés*.

Introduction, par L. M. Tisserand, 1 vol. — Topographie historique du Vieux Paris, par Berty et Tisserand, 5 vol. — Les Anciennes Bibliothèques de Paris, par A. Franklin, 3 vol. — Paris et ses historiens aux XIVe et XVe siècles, par Le Roux de Lincy et Tisserand, 1 vol. — Plans de restitution. Paris en 1380, par H. Legrand, 1 vol. — La Seine. Le Bassin parisien aux âges antéhistoriques, par E. Belgrand, 1 vol. de texte et 2 vol. de pl. — Etienne Marcel, prévôt des marchands, par F. T. Perrens, 1 vol. — Les Armoiries de la ville de Paris, par le comte de Coëtlogon et Tisserand, 2 vol. — Registres des Délibérations du bureau de la ville de Paris, par F. Bonnardot, A. Tuetey, P. Guérin, 6 vol. — Les Métiers et Corporations de la ville de Paris, par R. de Lespinasse et F. Bonnardot, 3 vol. — Cartulaire général de Paris, 1er vol. — La Faculté de Décret de l'Université de Paris au XVe siècle, par M. Fournier, 1er vol.

372. HOFFBAUER. Paris à travers les âges. Aspects successifs des monuments et quartiers historiques de Paris depuis le XIIIe siècle jusqu'à nos jours, fidèlement restitués d'après les documents authentiques par M. F. Hoffbauer, architecte. Texte par MM. Ed. Fournier, P. Lacroix, A. de Montaiglon, J. Cousin, etc. *Paris, F. Didot et Cie*, 1875-1882, 2 tomes en 3 vol. in-fol., fig., planches en noir et en couleurs, demi-rel. dos et coins de mar. rouge, tête dor., *non rognés*. (*R. Petit.*)

Bel exemplaire ; les planches hors texte sont reliées séparément.

373. JAILLOT. Recherches critiques, historiques et topographiques sur la Ville de Paris, depuis ses commencements connus jusqu'à présent : avec le plan de chaque quartier, par le Sr Jaillot. *Paris*, 1775, 20 part. en 5 vol. in-8, titres gravés, plans, veau marbré, dos orné. (*Rel. anc.*)

L'ouvrage de Jaillot est un des plus soigneusement écrits sur l'histoire de Paris, cet auteur ayant eu le soin de remonter aux sources historiques les plus autorisées.

Les plans ont été réunis en un volume pet. in-folio en demi-reliure veau.

374. JANINET. Vues des plus beaux Edifices publics et particuliers de la ville de Paris, dessinées par Durand, Garbizza, et Mopillé, architectes, et gravées par Janinet, J.-B. Chapuis, etc. *S. l. n. d.* (*Paris*, 1810), in-4 oblong, demi-rel. dos et coins de mar. violet, dos orné.

Titre et 88 planches gravées à l'aqua-tinte, par *Janinet* et *Chapuis*, d'après les dessins de *Durand*, *Garbizza*, *Toussaint* et *Mopillé*, représentant des vues du Louvre, de la Sorbonne, du Palais-Royal, des boulevards, etc., etc.

Bel exemplaire.

375. JARDIN de Monceau, près de Paris, appartenant à Monseigneur le duc de Chartres. *Paris, Delafosse*, 1779, in-fol., cart.

Cet ouvrage est orné de 18 belles estampes dessinées par *L.-C. de Carmontelle*, représentant différents sites du jardin. Les planches sont aussi très intéressantes au point de vue des costumes.

376. LABYRINTHE de Versailles. *Paris, impr. royale*, 1679, in-8, mar. rouge, dos orné, double rangée de fil., tr. dor. (*Rel. anc.*)

L'explication en prose est de Ch. Perrault et les fables en vers sont de Benserade. Le volume est orné de 41 planches de *Sébastien Le Clerc*.

Le *Labyrinthe*, construit de 1667 à 1674, est dû au célèbre *Le Nôtre*.
Exemplaire aux armes et chiffres de Louis XIV.
Incomplet de la dernière planche.

377. LABYRINTHE de Versailles (par Ch. Perrault et quatrains de Benserade). *Suivant la copie, à Paris, Amsterdam, A. Schoonebeck*, 1693, in-4 obl., veau. (*Rel. anc.*)

Édition rare ornée d'un frontispice, d'un plan et de 40 estampes gravées par *Schoonebeck*, qui a introduit dans chacune d'elles de nombreux personnages en costumes du temps.

378. LASSUS et VIOLLET LE DUC. Monographie de Notre-Dame de Paris et de la nouvelle Sacristie, de MM. Lassus et Viollet-le-Duc, précédée d'une notice historique et archéologique par M. Celtibère. *Paris et Londres, Morel et Camus, s. d.*, in-fol., pl. en noir et en couleur, demi-rel., *non rogné*.

Photographies et nombreuses planches en noir et en couleur.

379. LEBEUF (Abbé). Histoire de la ville et de tout le diocèse de Paris, par M. l'abbé Lebeuf. *Paris, Prault*, 1754-1758, 15 vol. in-12, veau.

Un des ouvrages capitaux pour l'histoire de Paris et des environs.

380. LEBEUF (Abbé). Histoire de la ville et de tout le diocèse de Paris. Nouvelle édition annotée et continuée par Hippolyte Cocheris. *Paris, Durand*, 1863-1867, 3 vol. in-8, *brochés*.

Réimpression considérablement augmentée des tomes 1 et 2 de l'édition de 1754, qui comprennent la ville de Paris en entier ; importante bibliographie parisienne.

381. LEBRUN. Grand Escalier du Château de Versailles dit escalier des Ambassadeurs. Ordonné et peint par Charles Le Brun, premier peintre du Roy. *Paris, Surugue, s. d.* (1725), in-fol., pl., demi-rel. dos et coins de mar. rouge, tête dor. (*Galette.*)

Titre et 5 ff. de texte gravés et 24 pl. dessinées par *Chevotet*, gravées par *Surugue* et *Simonneau*.
Cet admirable escalier fut détruit par Louis XV en 1752.

382. LEBRUN et LE SUEUR. Les Peintures de Charles Lebrun et d'Eustache Le Sueur, qui sont dans l'hôtel du Chastelet cy devant la maison du Président Lambert. Dessinées par Bernard Picard. L'on y a joint les plans et les élévations de cette belle maison. *Paris, Duchange*, 1740, in-fol., pl., demi-rel.

Très bel ouvrage, reproduisant les peintures de *Lebrun* et de *Le Sueur* qui décoraient l'hôtel du président Lambert dans l'île Saint-Louis. L'ouvrage est orné de 22 estampes gravées par *Picart, Duflos, Duchange*, etc.
On a relié à la suite : *La Gallerie de Monsr le Président Lambert, représentant l'Apothéose d'Hercule... Ce sujet est peint par le fameux Ch. Lebrun*, in-fol., titre gravé, dédicace et 14 pl.

383. LEGRAND (J. G.). Description de Paris et de ses édifices, avec un précis historique et des observations sur le caractère de leur architecture, par J. G. Legrand, Architecte, et C. P. Landon, peintre. Ouvrage enrichi de 120 planches et d'un plan exact de Paris. Seconde édition. *Paris, Treuttel et Würtz*, 1818, 2 vol. in-8, fig., cart., *non rognés*.

384. LE LABOUREUR. Les Tombeaux des personnes illustres, avec leurs éloges, généalogies, armes et devises par J. Le Laboureur. *Paris, Jean le Bouc*, 1642, in-fol., front. et fig., veau.

Les tombeaux des personnes illustres qui sont cités dans ce volume existaient en majeure partie à l'église des Célestins de Paris.

Nombreuses planches de blasons gravées par *Pierre Nolin*, de généalogies, etc.

A la suite de l'église des Célestins, on trouve la liste des tombeaux des églises de Sainte-Catherine du Val des Ecoliers, de l'Ave Maria et de la Chapelle de Braque.

Bel exemplaire avec chiffre aux angles et sur le dos.

385. LE ROUX DE LINCY. Paris et ses historiens aux XIVe et XVe siècles. Documents et écrits originaux recueillis et commentés par Leroux de Lincy et Tisserand. *Paris*, 1867, in-fol., fig., cart., *non rogné*.

Belles planches en noir et en couleur.

386. LE ROY (P.). Statuts et Privilèges du corps des marchands orfèvres-joyailliers de la ville de Paris, recueillis par P. Le Roy. *Paris*, 1734, in-4, veau.

A la fin du volume : le *Catalogue des marchands orfèvres Joyailliers de la ville de Paris, qui ont rempli les charges municipales et consulaires de cette ville depuis le règne d'Henri II.*

On y joint : Edit du roy portant règlement pour l'or et l'argent qu'on employe tant en vaisselle, que sur les meubles, habits, carosses, etc. *Paris*, 1700, in-4, couvert en papier.

387. LE SAGE. Le Géographe parisien ou le Conducteur chronologique et historique des rues de Paris (par Le Sage). *Paris*, 1769, 2 vol. in-8, pl., veau.

28 plans d'ensemble et de quartiers.

On y joint : Dictionnaire historique de la Ville de Paris et de ses environs, par Hurtaut de Magny. *Paris*, 1779, 4 vol. in-8, carte et plan, veau.

388. LISTER. Voyage de Lister à Paris en 1698, traduit pour la première fois, publié et annoté (par M. de Sermizelles). *Paris*, 1873, in-4, pl., *broché*.

GRAND PAPIER.

On y joint : Histoire journalière de Paris, par Dubois de Saint-Gelais. *Paris*, 1885, in-4, pl., *broché*. GRAND PAPIER.

389. MACHAUD. Eloges et Discours sur la triomphante reception du Roy en sa ville de Paris, après la réduction de la Rochelle. Accompagnez des figures, tant des arcs de triomphe, que

des autres preparatifs. *Paris, Pierre Rocolet*, 1629, in-fol., pl., vélin, fil., tr. dor.

Cette relation, est ornée d'une estampe d'*Abraham Bosse*, représentant les échevins aux pieds du roi et de 15 planches par *M. Tavernier* et *P. Firens*.
Bel exemplaire. La reliure porte les armes de la Ville de Paris.

390. Mallet (A. Manesson). La Géometrie pratique, divisée en quatre livres. Ouvrage enrichi de cinq cens planches gravées en taille douce. Par Allain Manesson Mallet. *Paris, Anisson*, 1702, 4 vol. in-8, veau.

Cet ouvrage contient 355 vues de Paris, de Versailles et des châteaux de France. Ces vues sont souvent les seules qui nous aient été conservées de beaucoup de monuments de Paris, et pour cette raison, l'ouvrage de Mallet est très recherché.
Bel exemplaire.

391. Marot (Jean). Recueil des plans, profils et elevations de plusieurs Palais, Chasteaux, Eglises, Sépultures, Grotes et Hostels, batis dans Paris et aux environs, avec beaucoup de magnificience, par les meilleurs architectes du royaume, desseignez, mesurés et gravez par Jean Marot, architecte parisien. *S. l. n. d.* (*Paris, vers* 1700), in-4, veau.

Bel exemplaire du premier tirage de ce recueil composé d'un titre et de 114 planches, et connu sous le nom de Petit-Marot.

392. Millin (A. L.). Antiquités nationales, ou recueil de Monumens pour servir à l'histoire générale et particulière de l'Empire français, par Aubin Louis Millin. *Paris, Drouhin*, 1790-1799, 5 vol. pet. in-fol., pl., cart., *non rognés*.

Ce grand ouvrage, contient la reproduction des principaux édifices religieux de Paris, avec les monuments qui y étaient conservés. On y trouve aussi des notices et des vues de monuments autres que ceux de Paris.
Exemplaire tiré sur Grand papier.

393. Néel (Balthazar). Voyage de Paris à Saint-Cloud, par mer et par terre, par L.-Balthazar Néel (de Rouen), suivi du Retour, par Lottin. Avec introduction et eaux-fortes, par J. Adeline. *Rouen*, 1878, in-4, fig., *en feuilles*, dans un carton.

Grand papier de Hollande.

394. Nodier (Ch.). Paris historique. Promenade dans les Rues de Paris, par Ch. Nodier, Regnier et Champin. Avec un résumé historique, par P. Christian (Pitois). *Paris, Levrault*, 1838-1839, 3 vol. in-8, fig., cart.

Un des ouvrages les plus curieux sur le vieux Paris, renfermant 200 vues lithographiées sur Chine par *Champin*, d'après *Regnier*, de monuments qui ont été, pour la plupart, détruits au XIXe siècle.

395. Nuitter. Le Nouvel Opéra, par Ch. Nuitter. *Paris, Hachette*, 1875, in-8, fig., *broché*.

Exemplaire tiré sur Papier de Chine.

396. ORDONNANCES ROYAULX de la jurisdicion de la Prevoste des marchans et eschevinaige de la ville de Paris. Constituez et ordonnez tant par les feuz roys que par le roy nostre sire Françoys premier de ce nom. Et plusieurs arretz et ordonnances de la court de parlement, avec plusieurs beaulx privileges donez aux bourgeois de Paris. *On les vend au palays... en la bouticque de Jacques Nyverd. Et en la grant salle... en la bouticque de Pierre le brodeur. (Achevées de imprimer... le 20 Novembre 1528, par Jaques Nyverd imprimeur)*, pet. in-fol. goth. de 4 ff. lim. et 110 ff. chiffrés, fig., demi-rel. dos et coins de mar. bleu, tête dor.

Ce recueil d'*Ordonnances* est de la plus haute importance pour l'histoire de l'administration municipale et commerciale de Paris. C'est un livre fort rare et difficile à trouver.

Le titre est orné d'une grande figure sur bois où sont naïvement représentés les échevins, le greffier, le procureur de la ville, le clerc du parloir, etc., et le volume contient 64 figures représentant les métiers de Paris et les divers officiers chargés de leur surveillance et juridiction.

Bel exemplaire.

397. LES ORDONNANCES ROYAUX, sur le faict et jurisdiction de la prevosté des Marchans, et échevinage de la ville de Paris. Ausquelles ont été adjoustées plusieurs anciennes ordonnances, concernans le faict des peages, que doivent toutes marchandises : Ensemble le privilège aux bourgeois. *Paris, G. Merlin*, 1556, in-4, mar. brun, milieux de feuillages, tr. dor. (*Capé.*)

Edition augmentée des *Ordonnances* publiées sous les règnes de François 1er et de Henri II. Bel exemplaire.

398. PARIS et ses environs, 1857. Grand album représentant les Vues et les Monuments les plus curieux de Paris et les sites les plus remarquables des Environs. *Paris, Martinet*, 1857, pet. in-fol. obl., pl., cart.

60 planches lithographiées, y compris le titre. Petite mouillure.

399. PASQUIER et DENIS. Plan topographique et raisonné de Paris, par les Srs Pasquier et Denis. *Paris*, 1758, in-12, cart.

Ce volume, entièrement gravé, renferme trois plans de Paris et des environs et 40 plans de quartiers. Il est orné, en outre, de 12 jolis petits en-têtes ou culs-de-lampe représentant des vues de Paris, par *Pasquier*.

PREMIÈRE ÉDITION.

400. PERNOT (F. A.). Le Vieux Paris. Reproduction des monumens qui n'existent plus dans la Capitale, d'après les dessins de F. A. Pernot, lithographiés par Nouveaux et Asselineau. *Paris, Jeanne et Dero-Becker*, 1838-1839, in-fol., demi-rel.

Orné de 80 planches lithographiées, non compris un plan de Paris au XVe siècle.

401. PIGAFETTA. RELATIONE DELL' ASSEDIO DI PARIGI. Col dissegno di quella Citta et de' luoghi circonvicini. Alla Sta di N. S. Gregorio Papa XIIII. Principe ottimo. *In Roma, appresso Bartolomeo Grassi,* (1591), in-4 de 2 ff., 88 pp. et un plan, titre gravé, vélin.

Ce volume qui renferme la relation du siège de Paris par Henri IV, est important pour l'histoire de Paris. L'auteur fut témoin des événements dont il fait le récit, mais sans se borner aux faits militaires du siège, il a agrémenté sa relation de nombreux détails relatifs à la description de Paris, citant ses fortifications, faubourgs, quais, rues, etc.

Ce qui ajoute à l'intérêt de ce volume, c'est qu'il est accompagné d'un plan des plus intéressants de la Ville de Paris et de ses environs. Ce plan qui mesure 55 cent. sur 40, a été gravé à l'eau-forte en 1591, à Rome, par *Natal Bonifatio* de Sibenicco ; il fournit de nombreux et exacts renseignements sur l'état de Paris à cette époque.

Ce volume, ainsi complet, est de la plus grande rareté et l'exemplaire de la vente Bigillion a été acquis par la Bibliothèque de la Ville de Paris pour 850 francs et les frais. Un autre exemplaire a atteint le prix de 755 fr. à la vente des livres de l'abbé Bossuet.

Exemplaire parfaitement conservé.

402. PIGANIOL DE LA FORCE. Description historique de la Ville de Paris et de ses environs. Nouvelle édition, revue, corrigée et considérablement augmentée (par l'abbé Perreau ou Lafont de Saint Jeune). Avec des figures en taille-douce. *Paris,* 1765, 10 vol. in-12, plan et fig., basane.

403. PRAT. Maldonat et l'Université au XVIe siècle, par le P. J. M. Prat. *Paris,* 1856, in-8, demi-rel. dos et coins mar. rouge, tête dor., éb.

On y joint : Guillaume de Champeaux et les Écoles de Paris au XIIe siècle, par l'abbé E. Michaud. *Paris,* 1867, in-18, *broché.*

404. PUBLICATIONS de la Société de l'Histoire de Paris et de l'Ile de France. *Paris, Champion,* 1894-1899, 10 vol. in-8, *brochés.*

Mémoires de la Société (tomes 21-25). — Lettres de M. de Marville, tome I. — Documents parisiens du règne de Philippe VI, tome I. — Polytique de l'Abbaye de St-Germain, tome I, etc.

405. RECUEIL d'Ordonnances et d'Edits du Roi Charles IX, la plupart relatifs à la Ville de Paris. *Paris, R. Estienne,* 1563-1564, 13 pièces en un vol. pet. in-8, mar. brun jans., tr. dor. (*Chambolle-Duru.*)

Ordonnances et Règlements des Hosteliers, Taverniers et Cabaretiers ; des usaiges de draps, toilles, passements et broderies d'or ; des mesures de charbon et avoines ; réformation des logis (du Roy) : sur le Taux et Imposition des Soyes, Florets et Fillozelles, etc., etc.

La dernière pièce concerne la Paix entre Charles IX et la reine Elisabeth d'Angleterre en 1564.

406. REGISTRE criminel du Chatelet de Paris, du 6 septembre 1389 au 18 mai 1392. *Paris,* 1861, 2 vol. in-8, *brochés.*

On y joint : Les Galeries du Palais de Justice de Paris. Mœurs, Usages,

Coutumes et Traditions judiciaires. 1280-1780. Par Amédée de Bast. *Paris*, 1851, 2 vol. in-8, demi-rel.

407. Regnier (Aug.). Habitations des Personnages les plus célèbres de France, depuis 1790 jusqu'à nos jours. Dessinés d'après nature par Aug[te] Regnier, et lithographiés par Champin. *Paris, s. d.* (*vers* 1840), in-4 obl., pl., demi-rel. dos et coins de mar. vert, dos orné, tr. jaspée.

100 planches lithographiées tirées sur papier de Chine, la plupart représentant des maisons historiques de Paris. Rare.

408. Relation officielle des Fêtes organisées par la Ville de Paris pour la Visite de LL. MM. II. l'Empereur et l'Impératrice de Russie les 6, 7 et 8 octobre 1896. *Paris, impr. Nationale*, 1897, gr. in-4, pl., *broché*.

Non mis dans le commerce.

409. Réunion des Tuileries au Louvre, 1852-1857. Recueil de Photographies publié par ordre de S. Exc. M. Achille Fould. *Paris, impr. Chardon aîné, s. d.*, 4 vol. in-fol. oblong, pl., mar. vert, fil. à froid, doublure et gardes de moire verte, tr. dor. (*A. Despierres.*)

Collection de 555 photographies donnant le détail des façades, statues, sculptures des constructions faites par Visconti et Duban sous le règne de Napoléon III.

Recueil tiré à petit nombre et non mis dans le commerce.

Reliure aux armes et chiffres de l'empereur Napoléon III.

410. Rubens. La Gallerie du Palais du Luxembourg, peinte par Rubens, dessinée par les sieurs Nattier, et gravée par les plus illustres Graveurs du temps. *Paris, Duchange*, 1710, in-fol., titre, front. et pl. gravés, veau.

Bel exemplaire, figures avant les numéros.

411. Sauval (Henri). Histoire et recherches des Antiquités de la ville de Paris, par Me Henri Sauval, Avocat au Parlement. *Paris, Ch. Moette et Jacques Chardon*, 1724, 3 vol. in-fol., veau.

Exemplaire contenant la partie intitulée : *Les Amours des rois de France sous plusieurs races.*

412. Segard. Picturesque Views of public Edifices in Paris, by Messrs. Segard and Testard. Aquatinted, in imitation of the Drawings by Mr. Rosenberg. *London*, 1814, in-4, pl., cart., *non rogné*.

Orné de 20 planches de forme ronde, imprimées en couleur, représentant des vues de Notre-Dame, du Louvre, du Palais-Royal, des Tuileries, du Luxembourg, des Invalides, etc. Rare.

413. Siège de Paris et Commune, 1870-1871. *Paris, Cadart,*

1871-1872, 7 séries en un vol. in-fol., pl., demi-rel. dos et coins de mar. rouge, *non rogné.*

Siège de Paris, par M. Lalanne. — Paris pendant le siège. — Paris sous la Commune. — Paris incendié, par A. P. Martial. — Saint-Cloud brulé, par F. Pierdon. — Paris et ses avant-postes, par L. Desbrosse. — Autour de Paris, par E. Yon.

Ensemble 84 planches. Couvertures de publication conservées.

414. SILVESTRE. Vues du château de Versailles. *Paris*, (1664-1689), in-fol., pl., veau marbr., fil., tr. dor. (*Rel. anc.*)

18 vues et plans divers relatifs au château de Versailles par *Israel Silvestre*, *Mansart* et *Lapointé*.

On a relié à la suite : *Le Grand Escalier de Versailles*, titre gravé et 8 pl., détails du plafond peint par *Le Brun*.

Volume aux armes et chiffres du roi LOUIS XIV.

415. TARDIEU. La Colonne de la Grande Armée d'Austerlitz ou de la Victoire, monument triomphal érigé en bronze sur la Place Vendôme de Paris. Description accompagnée de 36 planches par Ambroise Tardieu. *Paris*, 1812, pet. in-fol., front. et pl., demi-rel.

416. THOMASSIN. Recueil de cinquante des plus belles figures antiques et modernes de celles qui sont placées dans les Appartements et Parc de Versailles, dessinées et gravées par Simon Thomassin, avec l'explication sous chaque figure par ledit Sr Thomassin. *Paris*, 1703, in-fol., pl., mar. rouge, dorures sur les plats, tr. dor. (*Rel. anc.*)

Titre-frontispice gravé, table et 70 planches par *Thomassin*.

Bel exemplaire dans une riche reliure.

417. TURPIN DE CRISSÉ (Cte T.). Souvenirs du Vieux Paris. Exemples d'Architecture de temps et de styles divers. *Paris, impr. de Duverger*, 1835, in-fol., pl., demi-rel. dos et coins de mar. rouge, *non rogné.* (*Pochet.*)

30 belles planches lithographiées.

418. VERNIQUET. Atlas du plan général de la Ville de Paris, levé géométriquement par le C[en] Verniquet. Dessiné et gravé par les C[ens] Bartholomé et Mathieu. *Paris, an IV* (1796), in-fol., cart.

Ce plan, un des plus importants et des plus exacts de la ville de Paris, se compose de 72 feuilles, de 66 cent. sur 44.

Portrait de Verniquet ajouté.

419. VILLAIN (Abbé). Histoire critique de Nicolas Flamel et de Pernelle sa femme, par M. L. V. *Paris, Desprez*, 1761, in-12, portr. et fig., veau.

Portrait de Flamel et vue de sa maison bâtie à Paris en 1407. Exemplaire aux armes de FAUCONNET DE VILDÉ, conseiller de la ville de Paris.

420. Vues de Paris. *S. l. n. d.* (*Paris, vers* 1810), in-4, demi-rel., *non rogné.*

Album composé de 215 planches gravées à l'aqua-tinte, dont 34 planches de divers plans de Paris et de ses quartiers.

Les trois dernières planches donnent les vues des 42 barrières de Paris.

Ces estampes ont été utilisées dans le *Tableau de Paris* par de Saint-Victor.

421. Vues pittoresques des Jardins publics de Paris, Versailles, Saint-Cloud et autres, des environs de cette capitale. Peintes par A. Mongin, et gravées en couleur par Chapui. Avec un texte descriptif de chaque planche. *Paris, Ostervald, s. d.* (*vers* 1810), in-fol., pl., *en feuilles.*

Cet ouvrage, non cité, paraît être resté inachevé ; nous avons ici les 3 premières livraisons. Chacune se compose d'une feuille de texte et de 4 planches gravées en couleur.

Les 12 planches représentent : *Château de Versailles,* 2 vues différentes, *Jardin des Plantes de Paris,* 2 vues différentes, *Château de Saint-Cloud, La Malmaison,* 2 vues différentes, *Jardin de Mousseaux, Petit Trianon, Jardin des Monuments français, Palais du Luxembourg, Grand Trianon.*

3 planches ont été gravées par *Allais* et *Lefèvre Marchand,* les autres sont l'œuvre de *Chapuis.*

Couverture de la 1re livraison conservée.

Un des plus rares ouvrages sur la Ville de Paris et les châteaux des environs.

422. Wlson de la Colombière. Les portraits des hommes illustres françois, qui sont peints dans la Galerie du Palais Cardinal de Richelieu, avec leurs principales actions, par M. de Wlson, sieur de la Colombière. *Paris, de Sercy,* 1650, in-fol., portr., veau. (*Rel. anc.*)

Très beaux portraits de P. Séguier, Jeanne d'Arc, Gaston de Foix, Montluc, Henri IV, etc. de format in-folio, très bien gravés. Notice sur chaque personnage.

---

423. Pernot. Vues pittoresques de l'Écosse, dessinées d'après nature par F. A. Pernot; lithographiées par Bonington, David, etc. Ornées de douze vignettes d'après les dessins de Delaroche jeune et Eugène Lami. Avec un texte explicatif par Am. Pichot. *Paris, Lami-Denozan,* 1826, in-fol., fig., demi-rel. dos et coins de mar. violet, *non rogné.*

Très belles lithographies en deux tons ; les figures de *Lami* sont tirées sur Chine.

424. Perret (Paul). Les Pyrénées Françaises. Illustrations de E. Sadoux. *Paris,* 1881, 2 vol. in-8, pl. et fig., demi-rel. dos et coins de chagrin vert, dos orné, tête dor., éb.

425. Piferrer. Recuerdos y bellezas de España. Mallorca. *Mallorca,* 1542, gr. in-8, front. et fig., velours rouge,

ornements en argent, doublé de soie, tr. dor. (*Rel. espagnole.*)

Frontispice et 28 planches lithographiées, consacrées à l'île de Majorque. Reliure au chiffre de Louise-Ferdinande de Bourbon, duchesse de MONTPENSIER.

426. PIGANIOL DE LA FORCE. Introduction à la description de la France et au droit public de ce royaume. *Paris, Legras,* 1753, 2 vol. in-12. — Nouvelle description de la France; dans laquelle on voit le gouvernement général de ce royaume, celui de chaque province, et la description des villes, maisons royales, châteaux et monuments les plus remarquables. *Paris, Th. Legras,* 1753-1754, 13 vol. in-12, plans et cartes. Ensemble 15 vol. in-12, basane.

Exemplaire provenant de la bibliothèque de La Malmaison avec le chiffre P. B. (Pauline BONAPARTE), sur les dos des volumes.

427. PROVINCES et Châteaux de France. Ouvrages divers, 1823-1846, 6 vol. in-fol. et in-4, fig., demi-rel. et *brochés.*

Vendôme et le Vendomois, par de Passac. — Histoire de l'Angoumois, par Fr. Vigier de la Pile, publié par J. H. Michon. — Description du Château de Chambord, par Merle et Périé (manque le pl. 1). — Vues du Château de Mello. — Antiquités du grand cimetière d'Orléans, par Jollois, etc.

428. PROVINCES de France. Ouvrages divers, 1836-1882, 8 vol. in-8 et in-12, fig., cart. et *brochés.*

Le Château d'Anet, par P. Désiré Roussel. — Les Palais de Trianon, par de Lescure. — Histoire du château et du bourg de Blandy en Brie, par Taillandier. — Fontainebleau, Versailles, Paris, par J. Janin. — Le Château d'Eu, par Estancelin, etc.

429. PTOLÉMÉE. Geographia cioè descrittione universale della Terra partita in due volumi, nel primo de quali si contengono gli Otto Libri della Geographia di Cl. Tolomeo. Nuovamente corretto, et accresciuto. *Padoua, P. et F. Galignani fratelli,* 1621, 2 part. en un vol. in-fol., cartes, vélin.

Figures gravées sur cuivre.

On y joint : 1° Theatro d'Abrahamo Ortelio. *Anversa,* 1593, in-8 obl., vélin. Figures en taille-douce.

2° L'Arcano del mare del duco di Nortumbria. *Florence,* 1645-1646, 3 vol. in-4, pl., cart. Manque les titres.

430. RACCOLTA di le piu illustre et famose citta di tutto il Mondo. *S. l. n. d.* (*Italie* XVIe *siècle*), in-4 oblong, vélin.

Suite de un titre et de 289 planches gravées à l'eau forte donnant les plans et vues des principales villes du monde. Celles consacrées à l'Italie, à la France et à l'Allemagne sont les plus nombreuses. On en trouve aussi de plusieurs villes d'Amérique.

La plupart de ces planches portent la signature de *Franc. Valegio,* graveur de Venise, mais on en trouve plusieurs, le plan de Paris, entre autres, qui sont signées de *Martin Rota* et datées 1572.

Ce volume bien conservé porte l'ex-libris de Varlet de Semeuze.

431. Recueil des fondations et établissements faits par le Roi de Pologne à Nancy (par Michel). — Compte général de la dépense des édifices et batiments que le Roi de Pologne a fait construire pour l'embellissement de la Ville de Nancy. *Lunéville, Messuy*, 1761-1762, in-fol., cart.

En-têtes et figures gravés par *Collin*. 3 grandes planches qui se déplient représentent les célèbres grilles forgées par Lamour.

432. Relation des Missions des évesques françois aux royaumes de Siam, de la Cochinchine, de Camboye et du Tonkin, etc. *Paris, P. Le Petit*, 1674, in-8, carte, vélin.

Voyages des évêques de Berythe, de Metellopolis et d'Heliopolis.

433. Ricci. Histoire de l'expedition chrestienne au royaume de la Chine entreprinse par les Peres de la Compagnie de Jesus, tirée des mémoires du R. P. Matthieu Ricci par le R. P. Nicolas Trigault. Et traduite en françois par le S. D. F. de Riquebourg-Trigault. *Lille*, 1617, in-4, vélin.

Très-rare. L'original latin, seul cité par Brunet, a été publié en 1616.

ROME.

434. Ferrerio. Palazzi di Roma de piu celebri architetti disegnati da Pietro Ferrerio. (*Roma*), *G. J. Rossi, s. d.*, 2 part. en un vol. in-fol. oblong, vélin.

La 1re partie comprend 42 pl. ; la 2e, œuvre de *J.-B. Falda*, comprend 61 pl.

435. Franzini. Antiquitates Romanæ urbis studio. — Templa Deo et sanctis ejus Romæ dicata. — Palatia procerum Romanæ urbis. — Icones statuarum antiquarum urbis Romæ. Hieronymi Franzini bibliopolæ opera. *Romæ*, 1596, 4 part. en un vol. in-16, veau brun, milieux à froid, tr. dor. (*Rel. anc.*)

Ces 4 parties qui se trouvent rarement réunies sont ornées ensemble de 388 figures gravées sur bois.

Parmi celles consacrées aux statues on remarque la figure représentant le Cheval de bronze exécuté par *Daniel de Volterre* pour une statue de Henri II qui ne fut jamais achevée. Ce bronze, amené en France, servit au XVIIe siècle pour la statue équestre de Louis XIII érigée sur la Place Royale. Cette statue fut détruite en 1792.

436. Gelenius. Notitia utraque cum Orientis tum Occidentis ultra Arcadii honoriique Cæsarum tempora, illustre vetustatis monumentum, imô thesaurus prorsum incomparabilis. *Basileæ, Froben*, 1552, in-fol., fig., vélin.

Recueil publié par les soins de Gelenius, comprenant la description de Rome, de Constantinople et des provinces romaines au temps des Césars. Le volume est orné de nombreuses et belles figures gravées sur bois.

Certaines planches sont intéressantes pour l'histoire du livre et de la reliure chez les Anciens.

437. Marlianus. Topographia antiquæ Romæ, J. Barth. Marliano autore. *Lugduni, apud S. Gryphium,* 1534, pet. in-8, peau de mouton.

Édition publiée par Rabelais, qui a écrit l'importante dédicace au cardinal Du Bellay.

On y joint : 1° Opera di And. Fulvio delle antichita della Citta di Roma, tradotta per Paulo dal Rosso. *Vinegia,* 1543, pet. in-8, vélin.

2° Blondi Flavii Forliviensis, de Roma (et de Italia) instaurata. *Augusta Taurinorum,* 1527, pet. in-4, vélin.

438. Mazochius. Epigrammata antiquæ urbis (collegit Jac. Mazochius). *Romæ, J. Mazochius,* 1521, pet. in-fol., fig., veau, dos orné, fil. (*Rel. anc.*)

La reliure porte sur le dos le chiffre couronné de Gaston d'Orléans. Les livres de cette provenance sont rares. Figures sur bois. Annotations manuscrites.

439. Meyer (C.). L'Arte di restituire à Roma la tralasciata navigatione del suo Tevere. Divisa in tre parti. Dell' ingegniero Cornelio Meyer Olandese. *In Roma, nella stamperia del Lazzari Varese,* 1685, in-fol., front. et fig., vélin.

Nombreuses figures en taille-douce. Vues de Rome. Figures de voitures, de divers instruments mécaniques, etc.

440. Recueil d'antiquités romaines ou voyage d'Italie, composé de 66 Planches dans lequel on trouve divers vases, autels, trépieds, arabesques, etc. *S. l. n. d.*, in-fol., pl., demi-rel.

Fragonard et *Hubert-Robert* ont dessiné la plupart des planches de ce recueil, gravées à l'eau-forte par *Weisbrodt* et *Mme Adélaïde Allou.*

Très-jolis modèles décoratifs.

441. Thomas. Un An à Rome et dans ses environs, recueil de dessins lithographiés représentant les costumes, les usages et les cérémonies civiles et religieuses des Etats romains par Thomas. *Paris, Didot,* 1830, in-fol., demi-rel., *non rogné.*

Ce volume est orné de 72 belles planches lithographiées et coloriées.

442. Views (A select collection of) and Ruins in Rome and its Vicinity. Recently executed from Drawings made upon the spot. *London, s. d.* (1798), in-fol., front. et pl., demi-rel.

Très-beau recueil orné de 62 planches coloriées de vues de Rome et des environs.

443. Rome. Divers ouvrages sur Rome, 1556-1852, 5 vol. in-8 et in-12, fig., cart., veau et demi-rel.

Le Antichita de la Citta di Roma. — Les Monuments de Rome, par Raguenet. — Itinerario di Roma, di M. Vasi. — Rome ancienne et moderne, par Mary Lafon, etc.

444. ROME. Divers ouvrages sur Rome et Milan, 1722-1834, 5 vol. in-4 et in-8, pl., veau et *brochés*.

Les Antiquez romaines de Denys d'Halicarnasse, traduites par le P. G. Fr. Le Jay. — Vedute antiche et moderne della citta di Roma, 52 pl. — Le Palais de Scaurus ou description d'une maison romaine, (par Mazois). — De præclaris Mediolani ædificiis, D. Petro Gratiolio auctore.

---

445. ROSELLINI (H.). I Monumenti dell'Egitto e della Nubia dal Dottore Ippolito Rosellini. *Pisa, N. Capurro e C.*, 1832-1844, 9 vol. in-8 de texte et 3 tomes en 4 vol. in-fol. de pl., demi-rel. basane.

Les Atlas se composent de 390 planches en noir et coloriées.
Le bas d'un des titres de l'Atlas est coupé. Quelques taches dans la marge d'un Atlas.

446. ROUEN illustré par P. Allard, l'abbé A. Loth, vicomte R. d'Estaintot, P. Baudry, N. Beaurain, J. Adeline, J. Félix, L. Palustre, etc. Introduction par Ch. Deslys. Vingt-quatre eaux-fortes par J. Adeline, Brunet Debaisne, E. Nicolle et H. Toussaint. *Rouen, E. Augé*, 1880-1884, 2 vol. in-fol., pl., demi-rel. dos et coins de mar. brun, tête dor., *non rognés*.

Edition de luxe avec texte encadré. Un des 30 exemplaires avec une triple série des épreuves des eaux-fortes.

447. RUBRUQUIS. Relation des Voyages en Tartarie de Fr. Guillaume de Rubruquis, Fr. Jean du Plan Carpin, Fr. Ascelin et autres Religieux de St-François et St-Dominique, qui y furent envoyez par le Pape Innocent IV, et le Roy S. Louys. *Paris*, 1634, pet. in-8, veau.

Recueil publié par Bergeron.
Le juif Benjamin seul, avait pénétré en Asie avant G. de Rubrouck, Du Plan Carpin et Ascelin qui firent leur voyage au XIIIe siècle.
Reliure aux armes de CAUMARTIN SAINT-ANGE.

448. RUSSIE. ATKINSON ET WALKER. A Picturesque Representation of the Manners, Customs, and Amusements of the Russians; with an accurate Explanation of each plate in English and French, by John Augustus Atkinson and James Walker. *London*, 1803-1804, 3 tomes en un vol. in-fol., pl., mar. olive, fil., tr. dor. (*Rel. angl.*)

Ouvrage remarquable pour ses 100 belles planches gravées en couleur par *J. Atkinson*. En tête portrait de l'empereur Alexandre Ier.

449. LES PEUPLES de la Russie, ou description des mœurs, usages et costumes de diverses nations de l'Empire de Russie (par le comte Charles de Rechberg, texte revu par M. Depping), accompagnée de figures coloriées. *Paris, Impr. de D. Colas*

(*Treuttel et Würtz*), 1812-1813, 2 vol. in-fol., pl., demi-rel. mar. vert, *non rognés.*

Très bel ouvrage orné de 96 planches finement coloriées à la main. Publié dans cet état à 2400 francs.

450. A Picture of St Petersburgh Represented in a Collection of Twenty interesting Views of the City, the Sledges, and the People, and accompagnied with an Historical and Descriptive account. *London, Edward Orme,* 1815, in-fol., pl., demi-rel. mar. rouge, *non rogné.*

20 pl. coloriées, dessinées par *Mornay*, gravées par *Clark* et *Dubourgh*.
Les 12 premières planches exécutées pendant les différents mois de l'année représentent les monuments, places, ponts, etc., de la ville ; les 8 dernières nous montrent les nombreuses sortes de voitures et traîneaux en usage en Russie. Très rare.

451. Vues de Russie. Recueil de 54 plans, cartes, etc. *S. l. n. d.* (*vers* 1768), in-fol., cart., *non rogné.*

Ce recueil est ainsi composé : 12 plans et cartes, 9 pl. d'antiques et de costumes, 17 belles planches, dessinées par le *Chevalier de Lespinasse* représentant des vues des principales villes de Russie, et 16 tableaux économiques.

---

452. Saint Non. Voyage pittoresque ou description des royaumes de Naples et de Sicile. *Paris, Lafosse,* 1781-1786, 5 vol. in-fol., pl., veau marbré, dos orné, dent., tr. marbrée. (*Rel. anc.*)

Cette publication est remarquable par le nombre des figures qui s'élèvent à près de 400, dessinées par *Choffard, Cochin, Fragonard, Hubert-Robert, Saint-Non,* etc., gravées par les meilleurs artistes.

453. Sanderus. Flandria illustrata sive descriptio comitatus istius per totum terrarum orbem celeberrimi, III tomis absoluta ab Antonio Sandero Gandavensi. *Coloniæ Agrippinæ, Sumptibus Cornelii ab Egmondt et Sociorum* 1641-1644, 2 vol. in-fol., front., fig., portr. et plans, vélin à recouvrements, comp. et milieux dorés. (*Rel. anc.*)

Première édition de cet ouvrage, somptueusement illustré, de la plus grande inportance pour l'histoire de la Flandre.
Très bel exemplaire en grand papier, dans sa première reliure en vélin doré à recouvrements très bien conservée.

454. Sanderus. Flandria illustrata, sive provinciæ ac comitatus hujus descriptio. *Hagæ Comitum, Chr. Van Lom,* 1732, 3 vol. in-fol., fig., portr. et plans, veau.

Nouvelle édition augmentée.

455. Schoepflinus. Alsatia illustrata Celtica Romana Fran-

cica, auctor Jo. Daniel Schoepflinus. *Colmariæ, ex typ. regia,* 1751-1761, 2 vol. in-fol., pl., veau.

Nombreuses planches, vues de villes, antiquités, monnaies, etc. Rare.

456. STRASZEWICZ. Les Polonais et les Polonaises de la Révolution du 29 novembre 1830, ou portraits des personnes qui ont figuré dans la dernière guerre de l'indépendance polonaise, avec les fac-simile de leurs signatures, lithographiés sur dessins originaux, par les artistes les plus distingués, accompagnés d'une biographie pour chaque portrait par Joseph Straszewicz. *Paris, Impr. Pinard,* 1832, in-fol., portr., demi-rel. chagrin, *non rogné.*

Orné de 101 beaux portraits, lithographiés sur CHINE par *Grévedon, Maurin, Devéria, Desmaisons,* etc.

457. STRUTT (J.). The Sports and Pastimes of the People of England. Including the Rural and Domestic Recreations, may Games, Mummeries, etc. from the earliest period to the present time. By Joseph Strutt. *London, Th. Tegg,* 1831, in-8, fig., veau fauve, dos orné.

Orné de 140 figures gravées sur bois.
Très-bel exemplaire en GRAND PAPIER VÉLIN, avec les figures coloriées.

458. SUECIA antiqua et hodierna. *S. l. n. d.* (*Holmiæ,* 1693-1714), 3 part. en un vol. pet. in-fol. obl., pl., veau. (*Rel. anc.*)

Recueil complet des 353 planches de cette publication entreprise aux frais du roi de Suède par le comte Eric de Dalberg.
Ces planches signées *Perelle, J. Marot, Le Pôtre, F. Reitz, W. Swidde, Aveelen,* etc., représentent des vues de villes, ports de mer, châteaux, monuments, objets d'antiquité suédoise, ainsi que plusieurs plans et dessins de bâtiments qui n'ont jamais été exécutés.

459. TAVERNIER (J.-B.). Les Six Voyages de Monsieur Jean-Baptiste Tavernier, en Turquie, en Perse et aux Indes, pendant l'espace de quarante ans, et par toutes les routes que l'on peut tenir, etc. *Rouen,* 1713-1714, 6 vol. in-12, fig., veau fauve, tr. dor.

460. TAVERNIER (J.-B.). Nouvelle Relation de l'intérieur du Serrail du grand Seigneur, contenant plusieurs singularitez qui jusqu'icy n'ont point esté mises en lumière, par J.-B. Tavernier. *Paris,* 1675, in-4, front., mar. rouge, fil. à la Duseuil, tr. dor. (*Rel. anc.*)

ÉDITION ORIGINALE. Très bel exemplaire.

461. THEVET. Cosmographie de Levant, par F. André Thevet, d'Angoulesme. *Lion, Jan de Tournes et Guil. Gazeau,* 1556, in-4, fig., vélin.

Ce volume, bien imprimé, renferme une relation des pays du Levant, des

mœurs et coutumes des habitants, etc. Le volume est orné d'un grand nombre de jolies figures sur bois, quelques-unes par le *Petit Bernard*.
Mouillures.

462. TISSOT (V.). La Hongrie de l'Adriatique au Danube. Impressions de Voyage par Victor Tissot. *Paris, Plon*, 1883, gr. in-8, fig., demi-rel. dos et coins de chagrin brun, tête dor., *non rogné*.

On y joint : Arminius Vambéry. Voyages d'un faux derviche dans l'Asie centrale. Traduit de l'anglais, par E. D. Forgues. *Paris, Hachette*, 1865, in-8, fig., demi-rel. chagrin bleu.

463. TITSINGH. Illustrations of Japan; consisting of private Memoirs and Anecdotes of the reigning dynasty of the Djogouns, or Sovereigns of Japan; a description of the Feasts and Ceremonies observed throughout the year at their Court; and of the Ceremonies customary at Marriages and Funerals, etc. By M. Titsingh. With coloured plates. *London, R. Ackerman*, 1822, pet. in-fol., pl., cart., *non rogné*.

Nombreuses planches en couleurs.

464. UJFALVY-BOURDON. De Paris à Samarkand. Le Ferghanah, le Kouldja et la Sibérie occidentale. Impressions de Voyage d'une Parisienne par Mme de Ujfalvy-Bourdon. *Paris, Hachette*, 1880, gr. in-4, portr., pl. et fig., demi-rel. dos et coins de mar. brun, tête dor., *non rogné*. (*Rousselle.*)

465. VOYAGE pittoresque de Genève à Milan par le Simplon. *Paris, Impr. de P. Didot l'aîné*, 1819, in-fol., pl., demi-rel. chagrin rouge.

Superbe ouvrage orné de 35 vues en couleurs dessinées par *G. Lory fils*.

466. VOYAGES. *Paris, Rouen, La Haye*, 1697-1760, 7 vol. in-12, veau.

De l'utilité des voyages par Baudelot de Dairval, 1727, 2 vol. — Relation fidèle du voyage de la Terre Sainte, 1760. — Voyages et aventures de François Leguat en deux îles désertes des Indes orientales, 1720. — La découverte des Indes occidentales par les espagnols, par Dom Balthazar de Las Casas, 1697. — Histoire de l'expédition de trois vaisseaux envoyés par la Compagnie des Indes aux terres australes (par Ch. de Behrens), 1739, 2 vol.

467. VOYAGES (Les) de Cyrus, (par Ramsay). *Londres, Bettenham*, 1730, in-4, veau.

A la suite : *Discours sur la théologie et la mythologie des payens.*
Taches de rousseur.

468. VUES DE MAISONS ROYALES et châteaux de France (XVIIe siècle). In-fol., pl., cart.

60 planches par *Israel Silvestre, Marot, S. Le Clerc*, représentant les *Tuileries, le Louvre, Madrid, Vincennes, St-Germain, Fontainebleau, Blois, Chambord, Verdun, Sedan*, etc.

469. VUES DE VILLES de France, d'Angleterre, d'Allemagne, de Belgique et de Suisse, 1847-1852. In-fol. obl., demi-rel. dos et coins de mar. rouge, tête dor., ébarbé.

55 beaux dessins au crayon et à la plume, rehaussés à la sépia par *Guesdon, Arnout, Rouargue*, etc.

Vues d'Avignon, Blois, Bordeaux, Chartres, Cherbourg, Dijon, Grenoble, Le Hâvre, Lyon, Marseille, Nantes, Toulouse, Tours, etc.

470. WORDSWORTH. La Grèce pittoresque et historique, par le Dr C. Wordsworth, traduction de M. E. Regnault. *Paris, Curmer*, 1841, gr. in-8, fig., demi-rel. dos et coins de mar. vert, tête dor., *non rogné*. (*Ottmann-Duplanil.*)

Cet ouvrage n'est pas recherché comme il devrait l'être ; il est en effet illustré d'une façon remarquable par *Meissonier, Daubigny, Jacques*, etc.

Exemplaire du PREMIER TIRAGE.

471. ZANNONI. Atlas géographique et militaire ou théâtre de la guerre présente en Allemagne, depuis Aoust 1756 jusqu'au commencement de 1761, par M. Rizzi Zannoni. *Paris, Ballard, s. d.* (1761), pet. in-12, titre, cartes et textes gravés, mar. rouge, dos orné, fil., tr. dor. (*Rel. anc.*)

472. ZEILLER. Topographia Galliæ, sive descriptio et delineatio famossimorum locorum in potentissimo Regno Galliæ : per Martinum Zeillerum. *Franckfurt am Mayn, G. Merians*, 1655-1661, 13 parties en 3 vol. in-fol., front. et pl., ais de bois recouverts de vélin estampé. (*Rel. anc.*)

Ces volumes sont ornés d'un nombre considérable de planches gravées par *Mérian*, représentant des vues des villes de France, des châteaux, monuments, etc., au XVIIe siècle. Recueil très important pour l'histoire topographique de cette époque.

Édition avec le texte allemand. Un des volumes est en demi-reliure.

473. ZURLAUBEN et LABORDE. Tableaux topographiques, pittoresques, physiques, historiques, moraux, politiques, littéraires de la Suisse. *Paris, Clousier*, 1780-1788, 4 vol. in-fol., fig., veau marbré, dos orné, dent., tr. dor. (*Rel. anc.*)

Superbe ouvrage orné de près de 300 planches dessinées par *Le Barbier, Châtelet, Berteaux, Perignon*, etc. Frontispice par *Moreau* et portraits de Zurlauben et de La Borde.

4. OUVRAGES DE DIFFÉRENTS GENRES

474. Alciat. Omnia Andreæ Alciati V. C. Emblemata cum commentariis, quibus emblematum detecta origine, dubia omnia, et obscura illustrantur. *Parisiis, Franc. Gueffier*, 1602, in-8, titre gravé et fig., veau estampé sur ais de bois, tr. rouge. (*Rel. anc.*)

Figures gravées sur bois.
Reliure avec ornements estampés, datée de 1625. Sur les plats deux médaillons avec les effigies de saint Bruno et de sainte Barbe.

475. ANATOMIE. Bidloo (G.). Anatomia humani corporis, centum et quinque tabulis per artificiosis. G. de Lairesse ad vivum delineatis, demonstrata, veterum recentorumque inventis explicata plurimisque, hactenus non detectis, illustrata. *Amstelodami, sumptibus viduæ J. à Someren*, 1685, in-fol., front., portr. et pl., veau.

Un frontispice et 105 superbes planches gravées sur cuivre.
Reliure avec armoiries.

476. Spigelii (Ad) Patavino Gymnasio Anatomiæ et Chirurgiæ Professoris primarii Opera quæ extant, omnia ex recensione Joh. Antonidæ Vander Linden. *Amsterdami, Joh. Blaeu*, 1645, 4 part. en un vol. in-fol., titre gravé, portr. et pl., vélin.

Planches d'anatomie.
Exemplaire de l'abbé Rive et de Bichat.

477. Vesalius (And.). Opera omnia Anatomica et Chirurgico cura Hermanni Bœrhaave et B. Siegfried Albini. *Lugd. Batav., J. du Vivie*, 1725, 2 vol. in-fol., front. et pl., veau.

Très-belle édition.
On y joint : Anatomia del corpo humana composta per Giovan. Valverde. *Roma*, 1560 et *Venise*, 1608, 2 vol. pet. in-fol., vélin et cart.

---

478. Aristote. L'Art de la Rhétorique par Aristote, traduit en français par C. Minoïde Mynas. *Paris*, 1837, in-4, demi-rel., dos et coins de mar. rouge, dos orné, tête dor., *non rogné*.

Textes grec et latin. Exemplaire tiré sur Papier de hollande. Le volume est orné d'un très beau frontispice, dessin à la plume par *H. Regnault*.

479. L'Art de plumer la poule sans crier. *Cologne, Robert le*

Turc, 1710, in-12, mar. rouge, dos orné, double rangée de fil., fleurons d'angle, tr. dor. (*Capé.*)

Recueil d'anecdotes concernant les dupeurs et filous de l'époque. Frontispice avec vue de Paris.

480. L'ART de vérifier les Dates des faits historiques, des chartes, des chroniques et autres anciens monumens, depuis la naissance de Notre-Seigneur. (Commencé par D. Maur. Franc. d'Antine, D. Clémencet et D. Durand; continué et publié par D. F. Clément). *Paris, Al. Jombert*, 1783-1787, 3 tomes en 7 vol. in-fol., cart., *non rognés.*

La meilleure édition de cet ouvrage estimé.

481. AUMALE (Duc d'). Notice sur le manuscrit des Œuvres poétiques de Vatel (par Henri d'Orléans, duc d'Aumale). *Chantilly*, 1881, in-fol., *en feuilles*, dans un carton.

Beau frontispice. Texte autographié. Tiré à très-petit nombre.

482. BARANTE (de). Histoire des Ducs de Bourgogne de la Maison de Valois, 1364-1477, par M. de Barante. *Paris, Dufey*, 1837-1838, 12 vol. in-8, portr., fig. et cartes, demi-rel. veau violet, dos orné, tr. peigne. (*Rel. du temps.*)

483. **BLASON.** BARA (Hierosme de). Le Blason des Armoiries, auquel est monstrée la maniere que les anciens et modernes ont usé en icelles. Par Hierosme de Bara. Reveu, corrigé et augmenté en ceste dernière édition, par B. R. D. E. L. R. *Paris, Rolet Boutonné*, 1628, pet. in-fol., fig., vélin.

Excellent ouvrage sur l'art héraldique.
Le même volume renferme : 1° *L'Estat et comportement des armes. Par M. Jean Scohier.* Paris, 1630, pet. in-fol., fig. ; 2° *Le Tableau des armoiries de France. Par Ph. Moreau.* Paris, 1630, pet. in-fol., fig.
Cassure à un feuillet.

484. CAPRÉ (François). Catalogue des Chevaliers de l'Ordre du Collier de Savoye, dict de l'Annonciade, avec leurs noms, surnoms, qualitez, armes et blasons; depuis son institution par Ame VI comte de Savoye, fondateur d'iceluy en l'an 1362 jusques à S. A. R. Charles Emanuel II. Par François Capré. *Turin, Barthelemy Zavatte*, 1654, in-fol., blasons, veau. (*Rel. anc.*)

Ouvrage somptueusement édité. Il est orné d'une figure sur bois représentant un Chevalier de l'Annonciade en grand costume et de 270 blasons de la grandeur de la page. En regard de chaque blason, un texte explicatif compris dans un encadrement orné.
Exemplaire présenté par l'auteur à son fils ; avec quelques corrections de la main de Fr. Capré et sa signature autographe.

485. CATALOGUE des Chevaliers, Commandeurs et Officiers de l'Ordre du Saint-Esprit, avec leurs noms et qualités, depuis l'institution jusqu'à présent (par Poullain de Saint-Foix).

Paris, Ballard, 1760, in-fol., front., vignettes et blasons, veau, milieux, tr. dor. (*Rel. anc.*)

Orné d'un très beau frontispice d'après *Boucher*, de vignettes, en-têtes et culs-de-lampe dessinés par *Gravelot*.

Exemplaire bien conservé tiré sur PAPIER FORT. Reliure aux insignes de l'ordre du St-Esprit.

486. GOUSSANCOURT. Le Martyrologe des Chevaliers de S. Jean de Hierusalem, dits de Malte, contenant leurs éloges, armes, blasons, etc. Par F. Mathieu de Goussancourt. Et gravé par Michel Van-Lochom. *Paris, Fr. Noel,* 1643, 2 vol. pet. in-fol., réglés, pl. d'armoiries, mar. rouge, double rangée de fil., tr. dor. (*Rel. anc.*)

Cet ouvrage est orné de 4 grandes planches généalogiques et de plus de 500 planches d'armoiries. Un feuillet déchiré avec armoiries enlevées.

Bel exemplaire bien relié provenant de la bibliothèque de GUYON DE SARDIÈRE.

487. LE FÉRON (J.). Catalogue des tresillustres Ducz et Connestables (Grands-Maistres, Chanceliers, Mareschaulx, Admiraulx) de France, (et Prevosts de Paris), depuis le Roy Clotaire premier du nom, jusques à Henri deuxième. *Paris, Vascosan,* 1555, 6 part. en un vol. in-fol., fig., mar. brun, fil., tr. dor. (*Dupré.*)

ÉDITION ORIGINALE.

Cet ouvrage est divisé en six parties avec un titre spécial pour chacune d'elles; il est orné d'un grand nombre d'armoiries.

Bel exemplaire.

488. LE FERON (J.). Histoire des Connestables, Chanceliers, et gardes des sceaux, mareschaux, admiraux, surintendans de la navigation, et généraux des galères de France; des grands maistres de la maison du Roy et des Prévosts de Paris, avec leurs armes et blasons. Ouvrage commencé par Jean Le Feron, revu et continué jusques à présent, par Denys Godefroy. *Paris, impr. royale,* 1658, in-fol., pl., mar. rouge, fil., tr. dor. (*Rel. anc.*)

Ouvrage estimé. Très-bel exemplaire en GRAND PAPIER, aux armes de LOUIS XIV.

489. OUVRAGES DIVERS sur le blason. 1681-1715, 3 vol. in-4 et in-12, veau.

L'Art héraldique, par Baron. — Le Blason de France, (par Cadot). — Les principes du blason, par Dangeau.

490. PALLIOT. La Vraye et parfaite science des Armoiries ou l'indice armorial de feu maistre Louvan Geliot, apprenant et expliquant sommairement les mots et figures dont on se sert au Blason des Armoiries et l'origine d'icelles. Augmenté de nombre de termes, et enrichy de grande multitude d'exemples des armes des familles, des institutions, des ordres, etc., par Pierre Palliot, Parisien, Imprimeur du Roy

et de la ville de Dijon et graveur. *Dijon, Pierre Palliot*, 1660, in-fol., fig., basane rouge, fil., tr. dor. (*Rel. anc.*)

Cet ouvrage est justement considéré comme un des meilleurs, sinon le meilleur livre publié sur l'art héraldique. Bel exemplaire.

Frontispice gravé, nombreuses planches de blasons, attributs des différents ordres, costumes des hérauts, en-têtes et culs-de-lampe gravés en taille-douce.

Exemplaire avec les figures dans un bon et ancien coloris.

491. SICILLE. Le Blason des Couleurs en armes, livrées et devises par Sicille, hérault d'Alphonse V, roi d'Aragon. Publié et annoté par Hippolyte Cocheris. *Paris, Aug. Aubry*, 1860, in-8 réglé, fig., mar. rouge, fil. (*Capé.*)

Bel exemplaire, un des trois imprimés sur PEAU DE VÉLIN avec toutes les figures miniaturées et rehaussées d'or.

492. WLSON DE LA COLOMBIÈRE. La Science Héroïque, traitant de la noblesse et de l'origine des armes, de leurs blasons et symboles, etc. Avec la Généalogie succincte de la Maison de Rosmadec en Bretagne. Par Marc de Wlson, sieur de la Colombière. *Paris, Séb. et Gab. Cramoisy*, 1644, gr. in-fol., fig., veau.

PREMIÈRE ÉDITION. Exemplaire tiré sur GRAND PAPIER portant un envoi autographe à Salvaing de Boissieu qui passe pour avoir eu une grande part à la composition de cet important traité de la science du blason.

Manque le frontispice. Reliure fatiguée.

---

493. BOSSUET. Discours sur l'histoire universelle, pour expliquer la suite de la religion et les changements des Empires, par Messire J. Benigne Bossuet. *Paris*, 1681, in-4, veau, dos orné, tr. rouge.

ÉDITION ORIGINALE.

494. BODONI (Volumes divers imprimés par). *Parmæ, typis Bodonianis*, 1791-1806, 7 vol. in-fol., cart., *non rognés*.

Q. Horatii Flacci Opera. — Callimaco greco-italiano ora pubblicato. — Dionysius Longinus de Sublimitate (græcæ et latinæ). — De Imitatione Christi libri quatuor. — Rime di Francesco Petrarca, 2 vol. — Il Bardo della Selva Nera. Poema epico-lirico (da Vincenzo Monti).

Superbes éditions parfaitement imprimées.

Un volume est relié en basane.

495. BUFFON. Histoire naturelle des Oiseaux, de Buffon. *Paris, imprimerie royale*, 1770-1786, 10 vol. in-4, pl., veau, tr. dor. (*Rel. anc.*)

Bel exemplaire de cet ouvrage orné de plus de 1000 planches d'oiseaux (et d'insectes), dessinées et gravées par *Martinet*.

Dans cet exemplaire ces figures ont été très bien coloriées à l'époque de la publication.

496. **CAFÉ. THÉ. CHOCOLAT.** BLÉGNY. Le bon usage du Thé, du Caffé et du Chocolat pour la préservation et pour la guérison des maladies par Mr de Blégny. *Lyon, Th. Amaulry,* 1687, in-12, fig., veau fauve, dos orné, fil., tr. dor. (*Hardy.*)

On y joint : De l'usage du Caphé, du Thé et du Chocolate (par J. Spon). *Lyon,* 1671, in-12, veau fauve, fil. tr. dor. (*Hardy.*)

497. OUVRAGES DIVERS sur le café, le thé et le chocolat, 1685-1786, 3 vol. in-12.

Traitez nouveau et curieux du Café, du thé et du chocolate par Ph. S. Dufour, 1685. — Tractatus novi de potu caphé, de Chinensium thé et de chocolata, 1685. — Traité sur les propriétés et les effets du café, par Moseley, 1786.

---

498. CALLIGARIS. Le Compagnon de Tous ou Dictionnaire polyglotte, enrichi des termes nouveaux de sciences et arts; par le Colonel Louis Calligaris. *Turin,* 1864-1870, 3 vol. in-4, demi-rel. chagrin brun.

499. CANINI. Iconografia cioé disegni d'Imagini de famosissimi Monarchi, Regi, Filosofi, Poeti ed Oratori dell' Antichita cavati da Giovan Angelo Canini. *Roma,* 1669, in-4, front. et pl., mar. bleu, fil. à froid, tr. dor. (*Rel. anc.*)

Frontispice et 115 planches par *Picart, Vallet* et *Testana.*
Bel exemplaire aux armes de la comtesse de VERRUE.

500. CAYLUS (Comte de). Le Pot-pouri, ouvrage nouveau de ces Dames et de ces Messieurs. *Amsterdam,* 1748, in-8, front., veau.

Curieux exemplaire provenant de Mademoiselle CLAIRON, dont le nom est doré sur les plats.

501. **CÉRÉMONIES OFFICIELLES.** BRETAIGNE. Récit des Funérailles d'Anne de Bretagne, précédé d'une complainte sur la mort de cette princesse et de sa généalogie, le tout composé par Bretaigne, publié par Merlet et de Gombert. *Paris, Aubry,* 1858, in-8, mar. rouge, fil., tr. dor. (*Capé.*)

Bel exemplaire imprimé sur PEAU DE VÉLIN.

502. DESCRIPTION de la Chambre et Lit de parade sur lequel le corps de S. A. R. Anne, Princesse Royale de la Grande-Bretagne, Princesse douairière d'Orange et de Nassau a été exposé pendant plusieurs jours en Février 1759. *La Haye, P. Gosse,* 1759, in-fol., pl., veau, tr. rouge.

A la suite : Convoi funèbre de S. A. R. Anne, princesse royale de la Grande Bretagne, le 23 février 1759. Les 2 ouvrages sont ornés ensemble de 20 planches dessinées par *Swart,* gravées par *Fokke.*

503. DESCRIPTION des Festes données par la Ville de Paris à l'occasion du Mariage de Madame Louise-Élisabeth de France, et de dom Philippe, infant et grand amiral d'Espagne. *Paris*, 1740, in-fol., pl., mar. rouge, pet. dent. fleurdelisée, tr. dor. (*Rel. anc.*)

Très belles planches par *Blondel* représentant les bals à l'Hôtel de Ville, les feux d'artifices sur la Seine, etc.
Bel exemplaire aux armes de la VILLE DE PARIS.

504. GODEFROY (T. et D.). Le Cérémonial françois, recueilly par Théodore Godefroy et mis en lumière par Denys Godefroy. *Paris, Cramoisy*, 1649, 2 vol. in-fol., veau.

Contient le récit de nombreuses cérémonies officielles qui eurent lieu à Paris.

505. GÜLICH (L. von). Erb-Holdigung, so dem allerdurchleüchtigist-grossmächtigist-und unüberwindlichsten Römischen Käyser, auch zu Hungarn, und Böheimb König, alz Ertz-Hertzogen zu Oesterreich Josepho dem ersten, von denen gesambten Nider-Oesterreichischen Ständen, etc. Durch Ludwig von Gülich. *Wienn, Johann Jacob Kürner*, (1705), in-fol., pl., basane.

Frontispice et 10 grandes planches (dont 6 doubles) gravées sur cuivre par *Pfeffel* et *Engelbrecht*.
Inauguration de Joseph Ier comme Archiduc d'Autriche, par les Etats réunis de la basse Autriche le 22 septembre 1705.
Quelques feuilles déchirées.

506. NAYLER (G.). The Coronation of his most sacred Majesty King George the fourth solemnized in the collegiate Church of Saint Peter Westminster upon the 19 july 1821. By Sir George Nayler. *London, G. Bohn*, 1839, in-fol., pl., mar. rouge, dos orné, dent., tr. dor. (*J. Wright.*)

Splendide ouvrage orné de 45 pl. coloriées par *Chalon, Stephanoff, Pugin, Wild*, etc. Ces planches donnent les portraits en pied avec leur costume historique des personnages qui ont figuré dans cette brillante cérémonie, des vues de l'abbaye et du palais de Wetsminster à divers instants du couronnement, la procession dans Londres, etc.

507. PUTEANUS. Pompa funebris optimi potentissimiq. Principis Alberti Pii, Archiducis Austriæ, Ducis Burg. Bra. etc. Veris imaginibus expressa a Jacobo Francquart Archit. reg. Ejusdem principis morientis vita, scriptore E. Puteano. *Bruxellæ, (Lovanii, typis Henrici Hastenii)*, 1623, in-fol. obl., pl., vélin.

Relation des cérémonies qui eurent lieu aux obsèques d'Albert, archiduc d'Autriche, célébrées à Bruxelles dans l'église Sainte-Gudule le 20 mars 1622.
Le volume est orné, outre le frontispice, de 64 planches numérotées, gravées d'après les dessins de *Francquart*.

508. REPRÉSENTATION des Fêtes données par la ville de Strasbourg pour la Convalescence du Roi ; à l'arrivée et pendant

le séjour de Sa Majesté en cette ville. Inventé, dessiné et dirigé par J. M. Weiss, graveur de la ville de Strasbourg. *Imprimé par Laurent Aubert à Paris*, *s. d.* (1745), in-fol., portr. et fig., veau marbré, dent., tr. dor. (*Padeloup.*)

Ouvrage entièrement gravé avec 11 superbes planches doubles, encadrements, en tête et cul-de-lampe.

Reliure portant les armes royales au centre des plats et aux angles les armes de la Ville de Strasbourg.

Manque le portrait.

509. RUBENS. Pompa introitus honori S. P. Ferdinandi Austriaci Hispaniarum infantis A. S. P. Q. Antverp. decreta et adornata; arcus, pegmata, iconesque a P. P. Rubenio inventas et delineatas; inscriptionibus et elogiis ornabat, libroque commentaria illustrabat G. Gevartius. *Antverpiæ, Theod. a Tulden*, (1642), gr. in-fol., pl., demi-rel.

Entrée à Anvers, le 4 novembre 1634, du cardinal-infant Ferdinand d'Espagne, 3e fils de Philippe III.

Ce volume contient la suite des 39 superbes planches dessinées par *Rubens* et gravées par *Van Thulden*, qui ornent cette relation, en très belles épreuves.

510. VALLADIER (A.). Labyrinthe royal de l'Hercule Gaulois triomphant sur le suject des Fortunes, batailles, victoires, trophées, triomphes, mariages et autres faits héroïques et memorables de... Henri IIII, Roy de France et de Navarre. Représenté à l'Entrée triomphante de la Royne en la cité d'Avignon le 19 novembre l'an 1600, ou sont contenues les Magnificences et Triomphes dressez à cet effect par ladicte ville. *Chez Jaques Bramereau, imprimeur à Avignon*, (1600), pet. in-fol., front., portr. et pl., mar. bleu jans., tr. dor. (*Thibaron-Joly.*)

Cortège de la reine Marie de Médicis à son entrée dans Avignon.

La relation de la cérémonie est d'André Valladier, abbé de Saint-Arnoul de Metz. Le volume est orné de 2 portraits de Henri IV et de Marie de Médicis et de 12 planches gravées sur cuivre par *Greuter*.

Sur le titre ex-dono manuscrits et cachets de bibliothèque.

Bel exemplaire.

---

511. CÉSAR. C. Julii Cæsaris quæ extant; accuratissime cum libris editis et mss. optimis collata, recognita et correcta; accesserunt annotationes Samuelis Clarke, item indices locorum, rerumque et verborum utilissimæ. *Londini, J. Tonson*, 1712, un tome en 2 vol. in-fol., front. et pl., veau fauve. (*Rel. anc.*)

Superbe édition ornée de 87 planches.

Exemplaire bien complet provenant de la bibliothèque de HUZARD.

512. CHAMBURE. Napoléon et ses Contemporains. Suite de gravures représentant des traits d'héroïsme, de clémence, de

générosité, de popularité, avec texte, publié par Auguste de Chambure. *Paris, J. Renouard*, 1828, in-4, portr. et fig., demi-rel. veau rouge, dos orné, *non rogné*. (*Ledoux*.)

Un des ouvrages les plus importants et les mieux illustrés sur l'épopée impériale.

Bel exemplaire contenant les figures de *Raffet, Charlet, Devéria*, etc., en épreuves AVANT LA LETTRE, sur CHINE.

Reliure de l'époque.

513. CLASSIQUES ITALIENS. Editions imprimées à Milan, Padoue et Florence. 11 vol. in-fol., cart., *non rognés*.

1° Ariosto. Orlando furioso. *Milano*, 1818. Ce volume est relié en basane.
2° Beccaria. Dei delitte e delle pene. *Milano, Mussi*, 1812. Volume relié en maroquin.
3° Montecuccoli. Opere. *Milano, Mussi*, 1807-1808, 2 vol.
4° Petrarca. Le Rime. *Padoua*, 1819-1820, 2 vol. fig. Excellente édition.
5° T. Tasso. L'Aminta. *Firenze*, 1820.
On y joint : 1° Omero. Iliade traduzione di V. Monti. *Brescia*, 1810, 3 vol.
2° Sallustio volgarizzato da V. Alfieri. *Firenze*, 1820.

514. CLASSIQUES LATINS. Editions imprimées à Parme, à Milan, etc., 12 vol. in-fol., cart.

1° Cornelii Nepotis opera omnia. *Mediolani, Mussi*, 1807.
2° Juvenalis et Persii Satiræ. *Mediolani, Mussi*, 1807.
3° P. Ovidii opera. *Parmæ, Mussi*, 1806-1808, 6 vol.
4° C. Sallustii opera. *Florentiæ, Marini*, 1820.
5° P. Virgilii opera. *Romæ*, 1743-1745, 3 vol., figures.
Somptueuses éditions tirées à petit nombre qui rivalisent de luxe avec celles de *Bodoni*.

515. COLLECTION ORIENTALE. Manuscrits inédits de la bibliothèque royale traduits et publiés (par MM. J. Mohl, Quatremère, Eug. Burnouf). *Paris, Impr. royale*, 1836-1847, 7 vol. in-fol., front., texte encadré et ornements, cart., *non rognés*.

Abou'lkasim Firdousi. Le Livre des Rois, 3 vol. (tomes I-III). — *Le Bhâgavata Purâna*, 3 vol. — *Raschild-Eldin. Histoire des Mongols de la Perse*. tome Ier. Quelques taches de rousseur.

516. COQUELIN et GUILLAUMIN. Dictionnaire de l'Economie politique contenant l'exposition des principes de la science, l'opinion des écrivains qui ont le plus contribué à sa fondation et à ses progrès, publié sous la direction de MM. Ch. Coquelin et Guillaumin, troisième édition. *Paris, Guillaumin*, 1864, 2 vol. gr. in-8, portr., demi-rel. mar. vert, dos orné, tête dor., *non rognés*.

517. CRONICA breve de i fatti illustri de Re di Francia, con le loro Effigie dal naturale, cominciando da Faramondo sino à Henrico III. *In Venetia, appresso Bernardo Giunti*, 1588, in-fol., portr., basane.

63 planches de portraits gravés sur cuivre.

518. DANTE. La Divina Commedia di Dante Alighieri, con tavole in rame. *Firenze, nella tipografia all' insegna dell'ancora (per Mussi)*, 1817-1819, 4 vol. in-fol., fig., cuir de Russie, dos orné, orn. sur les plats, tr. dor. (*Rel. anc.*)

Somptueuse édition ornée de 125 estampes de *Lasinio fils*. Superbe exemplaire.

519. DESMARETS (J.). Les Délices de l'esprit. Dialogues dediez aux beaux esprits du Monde par J. Desmarets. *Paris*, 1661, in-fol., veau.

Ce livre est très remarquable pour les figures de *Fr. Chauveau* et la quantité de chiffres entrelacés dont il est orné. Ces chiffres sont l'œuvre de *Armand Desmarets*, parent de l'auteur, qui publia en 1664 un recueil de chiffres aujourd'hui très recherché.

520. DICTIONNAIRE (Nouveau) de l'Académie Françoise. *Paris, J.-B. Coignard*, 1718, 2 vol. in-fol., front. et vignettes, veau fauve, dor orné, double rangée de fil., tr. dor. (*Rel. anc.*)

521. DICTIONNAIRE de l'Académie française. Septième édition dans laquelle on a reproduit pour la première fois les préfaces des six éditions précédentes. *Paris, Firmin-Didot et Cie*, 1878, 2 vol. in-4, demi-rel. mar. rouge, tr. jaspée. (*Pouget.*)

522. DU CANGE. Glossarium ad scriptores mediæ et infimæ latinitatis, auctore C. Dufresne, Domino Du Cange. Editio nova locupletior et auctior, opera et studio monachorum ordinis S. Benedicti. *Parisiis, C. Osmont*, 1733-1736, 6 vol. in-fol., front., portr. et pl. — Glossarium novum ad Scriptores medii ævi, cum Latinos tum Gallicos ; seu Supplementum ad auctiorem Glossari Cangiani editionem. *Parisiis*, 1766, 4 vol. in-fol., 12 pl. Ens. 10 vol. in-fol., veau marbré, dos orné. (*Rel. anc.*)

Bonne édition. Rare avec le supplément.

523. DU VERDIER (Antoine). Les Omonimes, satire des mœurs corrompues de ce siècle, par Ant. Du Verdier. *Lyon, Gryphius (de l'impr. de Pierre Roussin)*, 1572, in-4, mar. rouge, dos orné, fil., tr. dor. (*Niedrée.*)

Bel exemplaire de ce singulier poème écrit de manière à ce que la terminaison de chaque vers soit homonyme avec le vers précédent.

524. DUMAS (Alex.). La Dame aux Camélias, par A. Dumas fils. Préface par Jules Janin. *Paris, Michel Lévy*, 1872, in-8, portr., demi-rel. dos et coins de chagrin vert, tête dor., éb.

Edition spéciale revue et corrigée par l'auteur.
Un des 25 exemplaires imprimés sur PAPIER DE CHINE portant sur la garde un très bel envoi autographe de A. Dumas à Sarcey, et quelques lignes autographes de F. Sarcey.

Très importante lettre autographe de A. Dumas (4 pp. in-8) relative à la *Dame aux Camélias*, ajoutée.

525. L'ÉCLIPSE. Journal hebdomadaire, politique, satirique et illustré. *Paris*, 26 *janvier* 1868 — 25 *juin* 1876, 396 n^{os} en 3 vol. in-fol., cart., *non rognés*.

Nombreuses figures en noir et en couleur ; la plupart de ces dernières sont d'*André Gill*.

Série intéressante devenue rare. Cette collection contient la plupart des planches supprimées par la Censure.

EDITIONS ELZEVIRIENNES.

526. ELZEVIRIENNES (Éditions). BIBLE. La Sainte Bible qui contient le Vieux et le Nouveau Testament. Edition nouvelle, faite sur la version de Genève, reveue, et corrigée, etc., le tout disposé en cet ordre par les soins de Samuël des Marets et Henry des Marets. *A Amsterdam, Chez Louys et Daniel Elzevier*, 1669, 2 vol. in-fol., front., veau. (*Rel. anc.*)

Édition exécutée avec un grand luxe typographique et qui peut passer à bon droit pour un des plus beaux monuments de l'imprimerie elzévirienne.

Exemplaire tiré sur GRAND PAPIER IMPÉRIAL.

527. CHARRON. De la Sagesse, trois livres par Pierre Charron. *Leide, les Elzeviers*, 1646, in-12, front., mar. rouge, dos orné, double rangée de fil., tr. dor. (*Rel. anc.*)

On y joint : 1° De la Sagesse. *Amst., L. et D. Elzevier*, 1662, in-12, mar. bleu jans. (*Duru.*)

2° De la Sagesse. *Bourdeaux*, 1601, in-8, vélin.

528. COMMINES (Ph. de). Les Mémoires de messire Philippe de Commines, S^{r} d'Argenton. Dernière édition. *A Leide, chez les Elzeviers*, 1648, in-12, titre gravé, veau.

Édition très bien imprimée.

On y joint : 1° Histoire du roy Henry le Grand par Péréfixe. *Amst., Elz.*, 1661, in-12, vélin.

2° Histoire du Cardinal de Richelieu, par Aubery. *Cologne* (*Holl.*), 1666, 2 vol. in-12, vélin.

3° Histoire du P. La Chaize (par P. J. Leroux). *Cologne* (*Holl.*), 1694, in-12, veau.

529. CORPUS Juris Civilis. Editio nova, prioribus correctior. 1664. *Amstelædami, Lud. et Dan. Elzevirios*, 2 vol. in-8, mar. rouge, dos orné, dent., tr. dor. (*Rel. genre Bozérian.*)

Bel exemplaire dans une jolie reliure.

530. DESCARTES. Les Passions de l'âme, par René Des Cartes. *Amsterdam, Louis Elzevier, et Paris, Le Gras*, 1650, pet. in-8, vélin.

ÉDITION ORIGINALE avec titre renouvelé.

Bel exemplaire portant sur le titre la signature de Claude de La Noue, fils du célèbre capitaine protestant, Odet de La Noue.

531. Don Sébastien, Roy de Portugal. Nouvelle historique (par Miss Anna-Maria Porter). *Suivant la copie à Paris, Barbin,* 1680, 3 part. en un vol. pet. in-12, mar. rouge, fil. à froid, tr. dor. (*Capé.*)

Édition imprimée par *Wolfgang* d'*Amsterdam*.

On y joint : 1° Le Nepotisme de Rome. Traduction de l'italien (de G. Leti). *S. l.* (*Leyde Hacke*), 1669, in-12, mar. vert, tr. dor. (*Corfmat.*)

2° Recueil de quelques pièces curieuses servant à l'éclaircissement de la vie de la Reyne Christine (de Suède). *Cologne*, 1669, in-12, mar. brun, fil. à froid. (*Kœhler.*)

3° Voyage du duc de Rohan, fait l'an 1600 en Italie, Allemagne, Angleterre, etc. *Amst.*, *L. Elz.*, 1646, in-12, mar. rouge. (*Chambolle-Duru.*)

532. Erasmi (Des.) Roterod. Colloquia nunc emendatoria. *Amstelodami, ex officina Elzeviriana,* 1655, in-12, titre gravé, mar. vert, dos orné, fil., tr. dor. (*Simier.*)

Bel exemplaire.

533. Heinsius. Laus Asini tertia parte auctior: *Lugd. Batavorum, ex officina Elzeviriana,* 1629, in-24, titre gravé, mar. bleu, dos orné, fil., dent. à froid, tr. dor. (*Bozérian.*)

Facétie de Daniel Heinsius. Elle est suivie dans cette édition de six autres pièces du même genre.

On y joint : Facetiæ facetiarum, hoc est joco-seriorum. Fasciculus novus. *Pathopoli* (*Amst. Jansson*), 1657, in-12, mar. bleu. (*Vogel.*)

534. La Chambre. L'Art de connoistre les hommes. Par le sieur de La Chambre. *Amsterdam, J. le Jeune* (*L. et D. Elzevier*), 1660, in-12, titre gravé, mar. noir, dos orné, dent., tr. dor. (*Bozérian.*)

On y joint : Du droict usage de la philosophie morale, par P. de La Place. *Leyde, J. Elzevier,* 1658, in-12, mar. citron, orn. à froid, tr. dor. (*Thouvenin.*)

535. La Fontaine (Jean de). Recueil des Contes du sieur de La Fontaine, les Satyres de Boileau et autres pièces curieuses. *A Amsterdam, chez Jean Verhoeven* (*Bruxelles, Foppens*), 1668, pet. in-12, vélin.

Cette réimpression des *Contes* renferme trois contes inédits : l'*Hermite*, le *Muet* (Mazet de Lamporecchio) et les *Cordeliers de Catalogne*.

Les *Satires* de Boileau, sont avant les modifications et les retouches faites par Boileau dans les éditions publiées avec l'aveu de l'auteur.

Très-rare.

536. Lamy. De l'Art de Parler (par le Père B. Lamy). *Suivant la copie à Paris, chez André Pralard,* 1679, in-12, mar. rouge, fil. à froid, tr. dor. (*Bauzonnet.*)

Imprimé par *Daniel Elzevier* d'*Amsterdam*. Bel exemplaire.

On y joint : De l'éducation des enfans (par F. Rivet). *Amst.*, *D. Elz.*, 1678, pet. in-8, mar. rouge, tr. dor. (*Lemardeley.*)

537. La Rochefoucauld. Mémoires de M. D. L. R. sur les brigues à la mort de Louis XIII, les guerres de Paris et de Guyenne et la prison des princes, etc. *Cologne, P. Van Dyck*

(*Bruxelles, F. Foppens*), 1662, pet. in-12, mar. citron, fil., tr. dor. (*Vogel.*)

Bel exemplaire de l'ÉDITION ORIGINALE tiré sur PAPIER FORT. Errata à la fin.
On y joint : Mémoires de M. D. L. R.... *Cologne,* 1664, in-12, mar. bleu, fil., tr. dor. (*Rel. anc.*)

538. LIVII (Titi) Historiarum libri ex recensione. *Lugd. Batavorum ex off. Elzeviriana,* 1644-1645, 3 vol. pet. in-12, vélin blanc, dos orné, enc. sur les plats richement ornés de comp. de fil. droits et courbés, dorures aux petits fers, tr. granitée. (*Rel. anc.*)

Exemplaire très grand de marges dans une très curieuse reliure de *Le Gascon,* avec dorures à petits fers sur le dos et les plats.

539. LIVII (Titi) Historiarum quod extant. *Amstelodami, apud Danielem Elzevirium,* 1678, in-12, titre gravé, mar. vert, dos orné, fil., tr. dor. (*Rel. anc.*)

Édition renfermant en un seul volume toute l'histoire de Tite-Live ; elle est imprimée avec des caractères d'une extrême finesse.
On y joint : 1° L'Annæi Senecæ philosophi. Opera omnia. *Lugd. Bat., apud Elz.,* 1649, 4 vol. in-12, mar. vert, dent., tr. dor. (*Rel. anc.*)
2° C. Velleius Paterculus (Historia Romana). *Lugd. Bat., ex. off. F. Hackii,* 1659, in-8, mar. rouge. (*Rel. anc.*)

540. MAHOMET. L'Alcoran de Mahomet. Translaté d'arabe en françois par le Sieur Du Ryer. *Suivant la copie, imprimée à Paris, chez Ant. de Sommaville* (*Amsterdam, Daniel Elzevier*), 1672, in-12, cuir de Russie, dos orné, fil., dent. à froid, tr. dor. (*Thouvenin.*)

Willems, *Les Elzevier,* 1472.

541. MALEBRANCHE. Traité de la Nature et de la Grâce. *Amsterdam, Daniel Elsevier,* 1680, in-12, mar. brun jans., tr. dor. (*Duru.*)

ÉDITION ORIGINALE. Avec l'*Eclaircissement ou suite,* publié en 1681.
Bel exemplaire de CAILHAVA et de M. L. de MONTGERMONT.

542. MARGUERITE. Mémoires de la Reyne Marguerite, dernière édition plus correcte. *A Goude, Imprimez chez Guilliaume de Hoëve,* 1649, pet. in-12, mar. rouge, dos orné, double rangée de fil, dorures sur les plats, tr. dor. (*Rel. anc.*)

Jolie édition imprimée en très petits caractères.
Curieuse reliure avec plats entièrement dorés. Petites mouillures.

543. MÉNAGE. Ægidii Menagii poëmata. Quarta editio. *Amstelodami, ex off. Elzeviriana,* 1663, pet. in-12, mar. rouge, fil., tr. dor. (*Thompson.*)

Bel exemplaire.
On y joint : Moyse sauvé, idyle héroïque du sieur de Saint-Amant. *Leyde, J. Sambix,* 1654, pet. in-12, front., veau fauve, fil., tr. dor.

544. MONTAIGNE. Les Essais de Michel, Seigneur de Montaigne.

Nouvelle édition exactement purgée des défauts des précédentes, selon le vray original. *Amsterdam, A. Michiels,* 1659, 3 vol. in-12, portr., mar. rouge jans., tr. dor. (*Hardy.*)

Très belle édition imprimée par *Foppens* de Bruxelles ; elle se joint aux Elzevier.

545. Nostradamus. Les Vrayes Centuries et Propheties de maistre Michel Nostradamus. Où se void représenté tout ce qui s'est passé, tant en France, Espagne, Italie, Allemagne, Angleterre, etc. *Amsterdam, Jansson,* 1668, pet. in-12, portr. et front., mar. rouge dos orné, fil., tr. dor. (*Rel. anc.*)

Jolie édition. Bel exemplaire grand de marges.

546. Ouvrages divers imprimés par les Elzevier. *Leyde et Amsterdam,* 1630-1662, 5 vol. pet. in-12, reliés en maroquin.

J. Barclaii Argenis, 1630. — P. Terentii Comœdiæ sex, 1635. — Justini historiarum, 1640. — Imp. Justiani institutionum, 1642. — Conciones et orationes ex historicis latinis excerptæ, 1662.

Deux volumes sont en ancienne reliure.

547. Ouvrages divers imprimés par les Elzevier. *Leyde et Amsterdam,* 1629-1649, 8 vol. in-12, vélin et cart.

Ovidii opera, 3 vol. — Dictys Cretensis de bello Troiana. — Q. Curti Rufii historiarum. — Histoire de la guerre de Flandre de Strada. — Descriptio regni Japoniæ, per B. Varenum. — Compendium geographicum, opera A. Gölnitz.

548. Pamphlets contre Louis XIV imprimés en Hollande, 1686-1695, 4 vol.

1° Les Dames dans leur naturel, ou la galanterie sans façon sous le règne du grand Alcandre (par Sandras de Courtilz). *Cologne,* 1686, in-12, mar. bleu jans., tr. dor. (*Marius-Michel.*)

2° Scarron aparu à Madame de Maintenon et les reproches qu'il lui fait sur ses amours avec Louis le Grand. *Cologne,* 1694, in-12, mar. bleu, dent. (*Thouvenin.*)

3° Le Louis d'or politique et galant. *Cologne,* 1695, in-12, mar. rouge, comp., tr. dor. (*Simier.*)

4° L'Alcoran de Louis XIV ou le Testament de Mazarin. *Roma,* 1695, in-12, cuir de Russie. (*Purgold.*)

549. Pascal (B.). Les Provinciales ou les Lettres escrites par Louis de Montalte a un provincial de ses amis, et aux RR. PP. Jésuites, sur le sujet de la morale et de la politique de ces Pères. *Cologne, P. de La Vallée* (*Amst., Elz.*), 1657, pet. in-12, mar. vert, dos orné, fil., tr. dor. (*Rel. anc.*)

Première édition sous cette date.

Bel exemplaire grand de marges.

550. Plinii (C.) secundi Historiæ naturalis. *Lugd. Batav., ex. off. Elzeviriana,* 1635, 3 vol. pet. in-12, titre gravé, mar. rouge jans., tr. dor. (*Trautz-Bauzonnet.*)

Chef-d'œuvre de typographie dû à *Bonaventure et Abraham Elzevier.*

Très-bel exemplaire.

551. Le Politique du temps, traitant de la puissance, authorité, et du devoir des Princes : des divers gouvernemens, jusques ou l'on doit supporter la tyrannie. *Imprimé à la Haye*, 1650, in-12, mar. vert, dos orné, dent., tabis, tr. dor. (*Derome.*)

L'auteur de ce curieux traité est resté inconnu.
Jolie reliure.

552. Prudentii (A.) Clementis quæ exstant. Nic. Heinsius Dan. Fil. Ex vetustissimis exemplaribus recensuit et animadversiones adjecit. *Amstelodami, apud Danielem Elzevirium*, 1667, pet. in-12, mar. rouge jans., tr. dor. (*Trautz-Bauzonnet.*)

553. Psalterium Davidis (et libri sapientales). *Lugduni (Batavorum), apud J. et D. Elsevirios, anno* 1653, pet. in-12, titre gravé, mar. rouge, fil. à froid, tr. dor. (*Bauzonnet.*)

Edition fort jolie. Willems. *Les Elzevier*, n° 733. Bel exemplaire.

554. Rabelais. Les Œuvres de M. François Rabelais, docteur en médecine. Augmentées de la vie de l'Auteur et de quelques remarques sur sa vie et sur l'histoire. *S. l.*, 1663, 2 vol. pet. in-12, vélin.

Bel exemplaire de cette jolie édition imprimée par *Louis* et *Daniel Elzevier d'Amsterdam*

555. Régnier. Les Satyres et autres œuvres du sieur Régnier. Dernière édition. *Selon la copie imprimée à Paris*, (*Leyde, Bonav. et Abr. Elzevier*), 1642, pet. in-12, mar. rouge, fil., tr. dor. (*Capé.*)

Première édition elzévirienne. Rare.

556. Régnier. Les Satyres et autres œuvres du sieur Régnier. *Leiden*, 1652, pet. in-12, mar. rouge, dos orné, fil. et dent., doublé de tabis, tr. dor. (*Bozérian jeune.*)

Édition imprimée par *Jean* et *Daniel Elzevier*, contenant 9 pièces de plus que la précédente.
Très bel exemplaire dans une jolie reliure. Portrait ajouté.

557. Retz (Cardinal de). La Conjuration du Comte Jean-Louis de Fiesque. *Cologne* (*Amsterdam, D. Elzevier*), 1665, pet. in-12, mar. vert, double rangée de fil., fleurons d'angle, tr. dor. (*Maitre.*)

Un des plus jolis volumes de la collection elzévirienne.

558. Saint-Amour. Journal de Mr de Saint-Amour docteur de Sorbonne; de ce qui s'est fait à Rome dans l'affaire des cinq propositions. *S. l.*, 1662, pet. in-fol., veau.

Volume des plus importants pour l'histoire du Jansénisme ; il a été imprimé à *Amsterdam* par *Louis* et *Daniel Elzevier* et les exemplaires en sont devenus très rares, le livre ayant été en partie détruit.

559. SAINT-ÉVREMOND. Œuvres meslées du S[r] de St Évremont. *Suivant la copie à Paris chez Barbin*, 1688, 12 part. en un vol. in-12, cuir de Russie, fil., tr. dor. (*Purgold.*)

Edition imprimée en *Hollande*. Ex-libris G. de PIXERÉCOURT.
On y joint : Les œuvres diverses du sieur de Balzac. *Amst.*, *D. Elz.*, 1664, in-12, mar. brun.

560. SAUMAISE. De Usuris liber. — De Modo usurarum liber.— Dissertatio de Fœnore trapezitico in tres libros divisa. Claudio Salmasio auctore. *Lugduni Batavorum, ex officina Elseviriorum*, 1638-1640, 3 vol. in-8, mar. rouge jans., tr. dor.

Ces 3 ouvrages de Saumaise ont pour but de justifier la légitimité du prêt à intérêt. Les deux premiers ont été publiés par les *Elzevier*, et le troisième par *Jean Maire*.

561. SENAULT. De l'Usage des Passions, par le R. P. Senault. Dernière édition. *Leide, Jean Elzevier*, 1658, in-12, front., mar. rouge, fil., tr. dor.

Bel exemplaire.
On y joint : L'art de connoistre les hommes, par le sieur de La Chambre. *Amsterdam* (*L. et D. Elzevier*), 1660, in-12, mar. rouge, fil. à froid, tr. dor.

562. TACITE. Tibère, discours politiques sur Tacite du Sieur de la Mothe-Josseval d'Aronsel (Amelot de la Houssaye). *Amsterdam, chez les héritiers de Daniel Elzevier*, 1683, in-4, réglé, mar. rouge, fil., tr. dor. (*Rel. anc.*)

Edition probablement imprimée à Paris. Voy. Willems, *Les Elzevier*, n° 2165. Bel exemplaire.

563. TAVERNIER. Les Six Voyages de Jean-Baptiste Tavernier, en Turquie, en Perse et aux Indes, pendant l'espace de quarante ans. *Suivant la copie imprimée à Paris* (*Amst., Wolfgang*), 1678, 2 vol. in-12, pl. — Nouvelle relation de l'intérieur du serrail du Grand Seigneur, par J. B. Tavernier. *Amsterdam, J. van Someren*, 1678, in-12. Ens. 3 vol. in-12, mar. rouge jans., tr. dor. (*Trautz-Bauzonnet.*)

Tavernier, homme intelligent et fort instruit, sut remarquer dans ses pérégrinations, ce qui était de nature à intéresser les Européens et la relation de ses voyages, était tout à fait digne du succès qu'elle obtint.

---

564. FÉNELON. Les Aventures de Télémaque fils d'Ulysse par Mr de Fénélon. *Parme, Bodoni*, 1812, 2 vol. in-fol., peau de truie, fil. à froid, *non rognés*.

Edition imprimée avec luxe par ordre du prince Joachim Napoléon, roi des Deux Siciles, pour l'éducation du prince Achille Napoléon, son fils.

565. Flaubert. Œuvres complètes de Gustave Flaubert. *Paris, Quantin*, 1885, 8 vol. in-8, portr., cart., *non rognés.*

Un des 100 exemplaires sur Papier de Hollande. Portrait en double état. Couvertures conservées.

566. Le Fouet des paillards, ou juste punition des voluptueux et charnels, conforme aux arrests divins et humains. Par M. L. P. (Mathurin Le Picard) curé du Mesnil-Jourdain. *Rouen, Estienne Vereul*, 1623, in-12, chagrin bleu, dos orné, fil., tr. dor.

567. (Grand magasin de Yedo des choses nécessaires en deçà des quatre mers. Encyclopédie par Tako-irou Zon). *Yédo*, 1862-1863, 2 vol. in-8, *brochés.*

Encyclopédie japonaise contenant un cours d'histoire, de mythologie, de géographie, d'histoire naturelle, etc. Notices sur les chevaux, les armes, l'élevage des faucons, etc. Nombreuses figures, cartes et plans de villes en couleur.

568. Henault (Pt). Nouvel Abrégé chronologique de l'histoire de France, contenant les évenements de notre histoire depuis Clovis jusqu'à la mort de Louis XIV, les guerres, les batailles, les sièges, etc. Nouvelle édition. Augmentée et ornée de vignettes et fleurons en taille-douce. *Paris, Prault*, 1768, 2 vol. in-4, fig., mar. rouge, dos orné, fil. tr. dor. (*Rel. anc.*)

Edition ornée du portrait de Marie Leczinska par *Gaucher* et de beaux et grands culs-de-lampe dessinés et gravés par *Moreau.*

569. Heures (Le Livre d') de la Reine Anne de Bretagne, traduit du latin et accompagné de notices inédites par M. l'abbé Delaunay. *Paris, L. Curmer*, 1841, 2 vol. in-4, mar. brun, fil. à froid, tr. dor., étuis.

Bel exemplaire de ce remarquable ouvrage, reproduction en chromolithographie du célèbre manuscrit original, chef-d'œuvre de l'art de la miniature en France au commencement du XVIe siècle.

570. Hore intemerate Virginis Marie secundum usum Romanum cum pluribus orationibus tam in gallico que in latino. (In fine :) *Ces présentes heures à lusaige de Romme furent achevées le VIII jour de May, l'an* 1501, *par Thielman Kerver, pour Gillet Remacle*, in-8 goth. de 96 ff. non chiffr., fig., mar. rouge, dos orné, large dent., tr. dor. (*Rel. anc.*)

Belles heures ornées de nombreuses figures grandes et petites et de bordures avec histoires religieuses, ornements, figures grotesques.

Exemplaire imprimé sur vélin, non colorié, avec lettres initiales rubriquées. Il a été placé dans une riche reliure du XVIIIe siècle avec dorures couvrant presque entièrement les plats.

Le volume est incomplet de trois feuillets ; deux feuillets, le premier et le dernier, ont été un peu frottés. Quelques mouillures.

571. Hurtado de Mendoza. Lazarille de Tormès. Traduction nouvelle (par l'abbé de Charnes). *Paris, Cl. Barbin,* 1678, 2 tomes en un vol. in-12, mar. rouge jans., tr. dor.

A la suite de cette édition se trouvent les *Mémoires de Frère Lazare, hermite de Tolède ou Lazarille de Tormès.* Paris, Barbin, 1678, in-12.

572. La Ferrière-Percy. Marguerite d'Angoulème (sœur de François Ier). Son livre de dépenses (1540-1549), par le Cte H. de La Ferrière-Percy. *Paris, Aubry,* 1862, in-8, portr., mar. brun, fil., tr. dor. (*Chambolle-Duru.*)

Riche reliure aux armes de Marguerite de Valois.

573. La Perrière. Le Miroir politique, œuvre non moins utile que nécessaire à tous monarches, roys, princes, seigneurs, magistrats, et autres surintendans et gouverneurs de republicques, par G. de la Perriere, Tolosain. *Paris,* 1567, in-12, mar. rouge, entrelacs de fil., tr. dor. (*Cocheu.*)

Ce volume est orné de plusieurs figures sur bois, quelques-unes d'une très belle exécution. Riche reliure.

574. Larrey. Histoire d'Angleterre, d'Écosse et d'Irlande, avec un abrégé des évènemens les plus remarquables arrivez dans les autres Etats. Par M. De Larrey. *Rotterdam, chez Reinier Leers,* 1697-1713, 4 vol. pet. in-fol., front. et portr., demi-rel., *non rognés.*

Edition ornée de nombreux et très beaux portraits.

575. Lavater. Essai sur la Physiognomonie, destiné à faire connaître l'homme et à le faire aimer, par Jean Gaspard Lavater, citoyen de Zurich (traduit en français par Mme de La Fite, Gaillard et Henri Renfner). *La Haye,* 1803, 4 vol. gr. in-4, fig., veau, dos orné, tr. dor.

Nombreuses planches d'après *Chodowiecki.* Bel exemplaire en grand papier de Hollande.

576. Lelong (Père J.). Bibliothèque historique de la France, contenant le catalogue des ouvrages imprimés et manuscrits qui traitent de l'histoire de ce royaume, où qui y ont rapport; avec des notes par feu J. Lelong. Nouvelle édition revue, corrigée et augmentée, par M. Fevret de Fontette. *Paris, Hérissant,* 1768-1778, 5 vol. in-fol., veau marbr., fil., tr. rouge. (*Rel. anc.*)

Excellent ouvrage.

577. Marmol Carvajal. Historia del rebelion y castigo de los Moriscos del reyno de Granada. Hecha por Luys del Marmol Carvajal. *Malaga, Juan Rene,* 1600, in-4, veau.

Feuillets jaunis.
On y joint: 1° Decada de la historia de la insigne y corona de civdad y

reyno de Valencia por Gaspar Escolano. *Valencia*, 1610-1611, 2 vol. in-4, vélin.

Excellente histoire de la ville de Valence.

2° Historia de los reyes de Castilla y de Leon par Don F. Prudencio de Sandoval. *Pamplona*, 1634, in-4, demi-rel.

Biographies des premiers rois de Castille et de Léon.

578. MIRABILIS liber qui prophetias Revelationesque necnon res mirandas preteritas presentes et futuras, aperte demonstrat... In duas partes presens liber distinguetur. *Veneunt Parrhisius ab Engleberto de Marnef*, 1523, in-4 goth. à 2 col. de 87 ff. chiffrés et un non chiffré pour la marque, veau.

Le volume est divisé en 2 parties. Dans la première écrite en latin sont les prophéties de Ben Echobi, de sainte Brigitte, de saint Sévère, de G. Baugé, de saint Vincent, de Savonarole, de Jean de Roquetaillade, etc.

La seconde, rédigée en français, est une prophétie datant de l'an 600 environ ; on y remarque quelques allusions à la Révolution française.

579. MŒURS des Français (Ouvrages sur les). *Paris*, 1792-1855, 13 vol. in-8, reliés et *brochés*.

Vte de Vaublanc. La France au temps des croisades. 4 vol. — Le Grand d'Aussy. Histoire de la vie privée des françois. 3 vol. — La Bédollière, Mœurs et vie privée des français dans les premiers siècles de la monarchie. 3 vol., etc.

580. MONNET. La Révolution française depuis l'ouverture des Etats généraux jusqu'au 9 brumaire, en quinze tableaux gravés par Helmann d'après Monnet. *Paris, s. d.*, in-fol. oblong, *en feuilles*.

Titre et 15 estampes par *Helman* et *Monnet* représentant les principales scènes de la *Révolution* et une feuille de texte. Belles épreuves d'ancien tirage.

581. MONTANUS. Humani generis amatori Deo liberalissimo sac. Divinar : Nuptiarum conventa et acta. Ad piorum admonitionem a Philippo Gallæo. Æreis tabul. incisa. Bened. Ar. Mont. accinente. *Antverpiæ*, 1573, 2 part. en un vol. in-4 oblong réglé, mar. rouge, fil., semis sur le dos et les plats, tr. dor. (*Rel. anc.*)

Orné de 80 belles planches en taille-douce ; la plupart portent le monogramme de *J. Wierix*.

Curieuse reliure dont les plats sont ornés d'un semis de créquiers et d'hermines, emblèmes d'un membre de la famille de CRÉQUY. Au centre des plats un médaillon avec la devise ΟΒΡΙΜΩΣ.

Quelques feuillets un peu rongés dans le haut.

De la bibliothèque du comte de LIGNEROLLES.

582. NONNI Panopolitani græca paraphrasis Sancti Evangelii Secundum Joannem : Antehac valdè et corrupta et mutila ; nunc primùm emendatissima et perfecta atque integra, operâ Francisci Nansii. *Lugduni Batavorum, ex officina Plantiniana, apud Franciscum Raphelengium*, 1589, in-8, veau fauve, coins et milieux dorés, tr. dor. et ciselée. (*Rel. anc.*)

Très jolie reliure parfaitement conservée.

583. Oratio Dominica in CLV. linguas versa et exoticis characteribus, plerumque expressa. *Parmæ, typis Bodonianis,* 1806, in-fol., demi-rel., tête dor., *non rogné.*

Tous les exemplaires de cette magnifique édition furent achetés par le prince Eugène de Beauharnais vice-roi d'Italie.

584. Ovide. Les Métamorphoses d'Ovide, en latin, traduites en françois avec des remarques, et des explications historiques par Mr l'Abbé Banier. Ouvrage enrichi de figures en taille-douce, gravées par B. Picart et autres habiles maîtres. *A Amsterdam, chez R. et J. Wetstein,* 1732, 2 tomes en un vol. in-fol., front. et fig., mar. rouge, dos orné, fil., tr. dor. (*Rel. anc.*)

Superbe édition parfaitement illustrée. Bel exemplaire, bien complet avec les 6 gravures d'après *Lebrun.*

585. Plutarque. Les Œuvres morales et meslées de Plutarque, translatées de grec en françois reveues et corrigées en ceste seconde édition en plusieurs passages par le translateur (Jacques Amyot). *Paris, Vascosan,* 1574, 7 vol. pet. in-8, mar. rouge, dos orné à la grotesque, fil., tr. dor. (*Rel. anc.*)

Jolie reliure de *Padeloup.*

586. Prévost (Abbé). Mémoires et Aventures d'un homme de qualité qui s'est retiré du monde (par l'abbé Prévost). *A Amsterdam, aux dépens de la Compagnie,* 1731, 7 vol. pet. in-12, veau.

Édition importante, le tome VII renfermant l'Édition originale de *Manon Lescaut.*

587. Racine (J.). Théâtre complet de Jean Racine. *Parme, Bodoni,* 1813, 3 vol. in-fol., peau de truie, fil. à froid, *non rognés.*

Édition luxueuse imprimée par ordre du prince Joachim Napoléon, roi des Deux Siciles pour l'éducation du prince Achille Napoléon, son fils.

588. Recueil Memorial des lettres patentes du changement de nom du Chasteau et Comté de Bury en Blaisois en Comté de Rostaing, pour tenir lieu en France du Marquisat de Rostaing, qui est en Allemagne, entre Bamberck et Franquefort. Vérifiées en Parlement en 1642. *A Paris, chez Pierre Variquet,* 1656, in-4, front., vélin, double rangée de fil., tr. dor. (*Rel. anc.*)

Ce très rare volume a été imprimé aux frais de Charles, comte de Rostaing; il renferme une curieuse description des monuments érigés par Charles de Rostaing, tant à Paris (aux Feuillants, à St-Germain des Prés, aux Célestins) qu'à Melun, etc.

Le titre gravé est orné des portraits de Ch. de Rostaing et de sa femme Anne Hurault et d'une vue du château de Bury.

On a ajouté à l'exemplaire un portrait en médaillon de Ch. de Rostaing et une très rare planche d'*Israël Silvestre* gravée en 1658 représentant le

Reliquaire des Dévotions et Généalogies représentées dans les trois chapelles que Ch. de Rostaing a fait faire à Paris.
Jolie reliure en vélin aux armes de Ch. marquis de ROSTAING, datée de 1648.

589. LE REGISTRE des Ans passez, puis la Création du Monde, jusques à l'année présente 1532. *Paris, Galliot du pré,* 1532, 2 part. en un vol. in-4 goth., fig. sur bois, basane estampée à froid. (*Rel. anc.*)

Édition rare de la *Chronique dite en rondeaux* parce que les faits principaux et les figures sont placés dans des petits ronds. Elle renferme des additions au texte qui se poursuivent jusqu'en 1532. Nombreuses figures qui sont coloriées dans cet exemplaire.

590. REGULE CANCELLARIE apostolice cum earum notabili et subtilissima glosa nuper correcta et emendata et multis additionibus non taz nitide quæ utiliter decorata. (In fine:) *Venetiis per Jacobum Pentium anno* 1509-1510, 2 part. en un vol. pet. in-4 goth. de 104 et 31 ff. non chiffr., mar. brun, bandes d'orn. à froid sur les plats. (*Rel. anc.*)

Jolie reliure italienne.

591. RÉIMPRESSIONS de pièces diverses. *Paris et Genève,* 1862-1880, 6 vol. in-12, front., *en feuilles.*

Exemplaires imprimés sur PEAU DE VÉLIN.
Les Muses incognues. — Le premier Acte du Synode nocturne. — La Muse pariétaire et la Muse foraine. — Zélinde. — Un Bisaïeul de Molière, par E. Thoinan. — La Troupe de Molière et les deux Corneille à Rouen en 1658, par F. Bouquet.

592. REISCH (Grégoire). Margarita philosophica. *Friburgi, per Joannem Schottum,* 1503, in-4 goth., fig., basane estampée.

PREMIÈRE ÉDITION de cette encyclopédie qui contient en douze livres un résumé des matières de l'enseignement scolastique.
Deux chapitres importants sont consacrés à la musique et à l'astrologie.
Nombreuses et curieuses figures gravées sur bois.
Annotations manuscrites.

593. REISCH. Margarita philosophica. *Joannis Schotti, Argentinensis,* 1504, in-4 goth., fig., basane.

Nouvelle édition augmentée de quelques figures. Bel exemplaire malgré quelques feuillets jaunis.

594. REISCH. Margarita philosophica Nova. *Argentoraco, J. Gruninger, anno* 1508, in-4 goth., fig., veau brun estampé.

Nouvelle édition renfermant un certain nombre d'additions (Rudiments de la langue Hébraïque, alphabet grec, notation de la musique, etc.), et aussi un traité d'*Architecture et de Perspective* qui est l'œuvre de Martin Hylacomylus WALTZEMULLER, orné de 6 planches du même faire que celles de l'ouvrage de *Viator,* publié à Toul en 1505.
Les figures sont plus nombreuses que dans les éditions qui précèdent.

595. REISCH. Margarita philosophica. *Basilæ,* 1535, in-4, fig., basane.

Édition très augmentée revue par Oronce Fine, dauphinois ; plusieurs passages sont relatifs à l'Amérique.
On y joint : Margarita philosophica. *Basileæ,* 1583, in-4, fig., vélin.

596. ROHAULT de Fleury. Mémoire sur les Instruments de la Passion de N. S. J. C., par Ch. Rohault de Fleury. *Paris,* 1870, in-4, fig. et 23 pl. hors texte, cart. toile, fers spéciaux, tr. dor.

597. ROLEWINCK (W.). Fasciculus temporum. (*Venetiis, Erhardus Ratdolt,* 1484, pet. in-fol. de 8 et 66 ff., fig., demi-rel.

Nombreuses figures d'un caractère très archaïque. Bon exemplaire.

598. SCÈNES de la Vie privée et publique des Animaux, vignettes par Grandville. Etude de mœurs contemporaines publiées sous la direction de M. P. J. Stahl, avec la collaboration de MM. de Balzac, L. Baude, E. de la Bédollière, A. de Musset, etc. *Paris, Hetzel et Paulin,* 1842, 2 vol. gr. in-8, fig., demi-rel. dos et coins de mar. bleu, dos orné, tête dor., éb.

Bel exemplaire du PREMIER TIRAGE.

599. SPON. De l'origine des Etrennes par Jacob Spon. *Paris, Fr. Ambr. Didot l'aîné,* 1781, in-12, veau fauve, fil., tr. dor. (*Trautz-Bauzonnet.*)

600. LA TABLE D'HÔTE à Provins ou la croisée des diligences, dialogue politico-tragi-comique. *Paris,* 1792, in-8, cart. toile.

A la suite : *Le Diné du Grenadier à Brest,* du même auteur.
Brochures contre révolutionnaires.

601. TASSE. La Gerusalemme Liberata di Torquato Tasso, con le figure di Giambatista Piazzetta. *In Venezia,* 1745, in-fol., front. et fig., veau vert, dos orné, dent., enc. de fil., tr. dor. (*Rel. anc.*)

Edition somptueusement illustrée de grandes figures, d'en-têtes et culs-de-lampe gravés d'après les dessins de *Piazzetta.*

602. TASSE. La Gerusalemme Liberata di Torquato Tasso. *Parma, co tipi Bodoniani,* 1794, 3 vol. in-fol., veau rouge, fil., *non rognés.*

PAPIER VÉLIN.

603. LE TEMPLE DES MUSES, orné de LX tableaux où sont représentés les événemens les plus remarquables de l'antiquité fabuleuse ; dessinés et gravés par B. Picart le Romain et autres habiles maîtres ; et accompagnés d'explications (par de La Barre de Beaumarchais). *Amsterdam, Zacharie*

Chatelain, 1733, in-fol., front. et pl., demi-rel. dos et coins de peau de truie.

PREMIÈRE ÉDITION ornée de ces figures. Beaux encadrements à chaque planche.

604. TESTAMENT. Historie des ouden en nieuwen Testaments, verrykt met meer dan vierhonderd printver-beeldingen in koper gesneeden. *T'Amsterdam, P. Mortier*, 1700, 2 vol. in-fol., pl., veau granité, milieux. (*Rel. anc.*)

Epreuves du PREMIER TIRAGE.

605. **THÉATRE.** ANNUAIRE dramatique, contenant les noms et demeures de tous les Directeurs, Acteurs, etc. de tous les Théâtres de Paris, le Répertoire de chacun d'eux; un précis de l'histoire des principaux Spectacles, etc. *Paris, Mme Cavanagh*, 1805-1812, 8 vol. in-16, portr., mar. rouge, dos orné, dent., tr. dor., étui. (*Bozérian.*)

606. BIBLIOTHÈQUE du Théâtre François depuis son origine (par Marin, Capperonnier, le Duc de La Vallière). *Dresde*, 1768, 3 vol. in-12, front. de Cochin, veau.

On y joint : Tablettes dramatiques, par le chev. de Mouhy. *Paris*, 1752, in-12, demi-rel., *non rogné*.

607. BRUMOY. Le Théâtre des Grecs par le P. Brumoy. Seconde édition complète, revue, corrigée et augmentée d'un choix de fragments des poëtes grecs, tragiques et comiques par M. Raoul-Rochette. *Paris, Vve Cussac*, 1820-1823, 16 vol. in-8, front. et fig , mar. rouge, dos orné, fil., tr. dor. (*Belz-Niedrée.*)

Exemplaire en PAPIER VÉLIN, dans une riche reliure.

608. CHARNOIS (Le Vacher de). Recherches sur les Costumes et sur les théâtres de toutes les nations, tant anciennes que modernes (par Le Vacher de Charnois) ; avec 56 estampes dont 45 en couleur et au lavis, dessinées par Chéry et gravées par Alix. *Paris*, 1802, 2 tomes en un vol. in-4, fig., *broché*.

Orné de nombreuses gravures en couleurs par *Alix*, *Ridé* et *Sergent*. Bel exemplaire NON ROGNÉ, contenant le beau portrait de l'auteur gravé en couleur.

609. DU CASSE. Histoire anecdotique de l'Ancien Théâtre en France, par A. Du Casse. *Paris, Dentu*, 1864, 2 vol. in-8, demi-rel. mar. rouge, *non rognés*. (*Marius Michel.*)

610. GALERIE THÉATRALE ou Collection des Portraits en pied des principaux Acteurs (et Actrices) des trois premiers Théâtres de la Capitale. *Paris, Bance*, (*vers* 1820), 2 vol. in-4, pl., demi-rel. dos et coins de cuir de Russie, tr. jasp.

Titre et 95 portraits d'acteurs et d'actrices dans leurs principaux rôles, imprimés en couleurs. Beaucoup de pièces ont été gravées par *Prudhon fils*. Superbes épreuves d'une remarquable fraîcheur et qualité. 16 planches sont en feuilles.

611. HISTOIRE de Mademoiselle Cronel (Clairon), dite Frétillon, actrice de la Comédie de Rouen. Ecrite par elle-même (par Gaillard de La Bataille). *La Haye (Rouen), aux dépens de la Compagnie*, 1740, pet. in-8, portr., veau fauve, fil., tr. dor. (*Trautz-Bauzonnet.*)

Portrait en pied de Mlle Clairon.

612. LA GRANGE. Registre de La Grange (1658-1685) précédé d'une notice biographique. *Paris, J. Claye*, 1876, in-4, *broché*.

Important pour l'histoire de la Comédie française.
On y joint : Charles Varlet de La Grange et son registre. *Paris, J. Claye*, 1876, in-8, *broché*.

613. MOLIÈRE. Notes historiques sur la vie de Molière par A. Bazin. Deuxième édition revue et augmentée. *Paris, Techener*, 1851, in-8, portr. et fig., mar. rouge, fil., tr. dor. (*Chambolle-Duru.*)

Très bel exemplaire auquel on a ajouté :
1° La suite de un portrait et 30 vignettes de *Moreau le Jeune*, pour les Œuvres de Molière, épreuves sur CHINE ;
2° La suite de 21 portraits des principaux personnages des comédies de Molière, par *M. Sand, Allouard* et *Geffroy*, en noir et en couleur ;
3° 4 portraits de Molière par *Hillemacher* et *Desenne* ;
4° 22 portraits divers.
Ensemble 99 pièces ajoutées.

614. MOLIÈRE. Collection (et Nouvelle Collection) Molièresque. *San Remo, Turin et Paris*, 1867-1881, 27 vol. in-12, demi-rel. et *brochés*.

Elomire hypocondre, par Le Boulanger de Chalussay. — Le Roy glorieux au monde, par P. Roulès. — La Critique du Tartuffe. — L'Enfer burlesque. — Joguenet ou les Vieillards dupés, par Molière. — La Fameuse comédienne. — Zélinde. — Les Véritables prétieuses. — Le Mariage sans mariage. — Les Amours de Calotin, par Chevalier. — Oraison funèbre de Molière, par de Vizé. — Mélisse, attribué à Molière. — Le Portrait du Peintre, de Boursault, etc., etc.,
La première collection en 20 volumes est complète. Rare.

615. MOLIÈRE. Les Amours de Calotin, comédie en trois actes et en vers de Chevalier. *Turin, J. Gay*, 1870, in-12, mar. rouge, fil., *non rogné*. (*Masson-Debonnelle.*)

De la collection Molièresque. Un des deux exemplaires tirés sur PEAU DE VÉLIN.
On y joint : La Cocue imaginaire, comédie de Donneau de Visé. *Turin, Gay*, 1870, in-12, mar. rouge, fil. (*Masson-Debonnelle.*)
Exemplaire tiré sur PEAU DE VÉLIN.

616. MOLIÈRE. Galerie historique des portraits des comédiens de la troupe de Molière, gravés à l'eau-forte par Frédéric Hillemacher. *Lyon, Perrin*, 1858, in-8, portr., mar. rouge, fil., tr. dor. (*Capé.*)

Joli volume orné de nombreux portraits de Molière et de ses comédiens.
PREMIÈRE ÉDITION tirée à 100 exemplaires.

617. MOLIÈRE. Bibliographie Moliéresque, par Paul Lacroix. Seconde édition. *Paris,* 1875, in-8, mar. rouge jans., tr. dor. (*Thibaron-Joly.*)

Très bel exemplaire tiré sur PAPIER WHATMAN.

618. MOLIÈRE. Ouvrages divers relatifs à Molière. *Paris, Lyon et La Haye,* 1694-1882, 17 vol. et brochures in-8 et in-12, cart. et *brochés.*

Molière comédien aux Champs Elisées (par l'abbé Bordelon). — Molière, drame par M. Mercier. — Notes historiques sur la Vie de Molière, par A. Bazin. — Le Roman de Molière, par Ed. Fournier. — Molière, par J. Claretie. — Molière et le Misanthrope, et l'Arnolphe de Molière, par C. Coquelin, etc. etc.

619. MOLIÈRE. Ouvrages divers relatifs à Molière. *Paris,* 1802-1879, 10 vol. in-8 et in-12, demi-rel. et cart.

Etudes sur Molière, par Cailhava. — Lexique comparé de la langue de Molière et des Ecrivains du XVIIe siècle, par F. Génin. — Notes historiques sur la Vie de Molière, par A. Bazin. — Recherches sur Molière et sur sa famille, par Eud. Soulié. — Les Points obscurs de la Vie de Molière, par J. Loiseleur. — Molière et la Comédie italienne, par L. Moland. — La Valise de Molière, par Ed. Fournier. — etc., etc.

620. MOLIÈRE. Ouvrages divers relatifs à Molière. *Paris,* 1844-1882, 19 vol. et brochures in-8 et in-12, demi-rel. et *brochés.*

Molière et sa troupe, par Soleirol. — Notices historiques sur la Vie de Molière, par A. Bazin. — La fameuse comédienne ou histoire de la Guérin, par J. Bonnassies. — Les Intrigues de Molière et celles de sa femme, par Ch.-L. Livet. — Le Tartuffe, le Médecin volant, le Docteur amoureux, le Médecin malgré luy, etc. etc.

621. MOLIÈRE. Ouvrages divers relatifs à Molière. *Paris,* 1858-1880, 6 vol. in-8, portr. et fig., demi-rel. mar. rouge, *non rognés.* (*Marius Michel.*)

Molière et sa troupe, par Soleirol. — Recherches sur Molière et sur sa famille, par Eud. Soulié. — La Salle de Théâtre de Molière au port Saint-Paul, par Ph. Collardeau. — Les Points obscurs de la Vie de Molière, par J. Loiseleur, ex. en GRAND PAPIER. — Les Aïeux de Molière à Beauvais et à Paris, par Révérend du Mesnil. — La Maison mortuaire de Molière, par Aug. Vitu.

622. MOLIÈRE. Ouvrages divers relatifs à Molière. *Paris,* 1876-1883, 8 vol. in-12, fig., *brochés.*

Le livre abominable de 1665 qui courait en manuscrit sous le nom de Molière, par L. A. Ménard. — Les Intrigues de Molière et celles de sa femme, par Ch.-L. Livet. — Molière jugé par ses contemporains, par A. P. Malassis. — Le Tartuffe par ordre de Louis XIV, publié par L. Lacour. — Un Bisaïeul de Molière, par E. Thoinan. — La troupe de Molière, par Bouquet.

623. MOLIÈRE. Pièces de Molière. *Paris, Jouaust,* 1873-1876, 5 vol. in-12, *en feuilles.*

L'Escole des Femmes. — Le Misantrope. — Le Tartuffe. — L'Avare. — Les Femmes Sçavantes.

Exemplaires tirés sur PARCHEMIN de ces réimpressions textuelles faites par les soins de L. Lacour.

624. RECHERCHES historiques et critiques sur quelques anciens Spectacles, et particulièrement sur les Mimes et Pantomimes, avec des notes (par C.-F.-F. Boulenger de Rivery). *Paris, Mérigot fils*, 1751, in-12, veau marbré, tr. rouge. (*Rel. anc.*)

Exemplaire aux armes de madame la marquise de POMPADOUR.

625. SAND (Maurice). Masques et Bouffons. (Comédie italienne). Texte et dessins par M. Sand, gravures par A. Manceau. Préface par G. Sand. *Paris*, 1862, 2 vol. gr. in-8, fig., *brochés*.

Exemplaire avec les figures coloriées.

626. SANQUIRICO. Raccolta di varie decorazioni sceniche inventate e dipinte dal pittore Alessandro Sanquirico per l'I. R. Teatro della Scala in Milano. *S. l.*, 1817-1819, in-fol. obl., fig., cart.

50 planches de décorations théâtrales gravées en couleur. Suite curieuse et rare.
De la bibliothèque du duc d'ORLÉANS.

627. THÉATRE. Ouvrages divers. *Paris*, 1735-1804, 3 vol. in-4, in-8 et in-12, veau et *broché*.

Beauchamps. Recherches sur les théâtres. — Leris, Dictionnaire portatif des théâtres. — Boïeldieu. De l'influence de la chaire, du théâtre dans la Société.

628. THÉATRE. Ouvrages divers. *Paris*, 1794-1885, 4 vol. in-8, fig., cart. et *brochés*.

Idées sur le Geste et l'action théâtrale, par J.-J. Engel, fig. gravées par *Copia*. — Mémoires d'Hyppolite Clairon. — Histoires des Marionnettes en Europe, par Ch. Magnin. — Dictionnaire historique et pittoresque du Théâtre et des Arts qui s'y rattachent, par A. Pougin.

629. THÉATRE. Ouvrages divers. *Paris*, 1870-1880, 9 vol. in-12, fig., demi-rel. et *brochés*.

De l'origine du Théâtre à Paris, par P. Milliet. — Les Auteurs dramatiques et la Comédie-Française (et les Théâtres de province) par J. Bonnassies. — Notices et documents sur l'histoire des Théâtres de Paris, par du Tralage. — Deuxième centenaire de la fondation de la Comédie-Française, etc., etc.

---

630. TRAITÉ (Nouveau) des Orangers et des Citronniers, contenant la manière de les connaître, les façons qu'il leur faut faire pour les bien cultiver, etc. — Nouvelle instruction pour la culture des Figuiers, où l'on apprend la manière de les élever, multiplier et conserver (par Ballon et Garnier). *Paris, Ch. de Sercy*, 1692, 2 vol. in-12, veau.

Ex-libris D. P. de Nicolay.

631. UZANNE (O.). L'Éventail. — L'Ombrelle. Le Gant. Le Manchon, par Octave Uzanne. Illustrations de Paul Avril. *Paris, Quantin,* 1882-1883, 2 tomes en 4 vol. in-8, fig., *brochés.*

Exemplaires tirés sur PAPIER DE HOLLANDE auxquels on a ajouté les suites des figures en couleur tirées à part sur PAPIER DU JAPON.
Avec emboîtages pour les textes et les suites. Etat de neuf.

632. UZANNE. Le Miroir du Monde. Notes et sensations de la Vie pittoresque par Octave Uzanne. Illustrations en couleurs d'après Paul Avril. *Paris, Quantin,* 1888, in-4, portr. et fig., *broché,* dans un cartonnage en cuir japonais.

633. VALERIUS MAXIMUS noviter recognitus cum commentario historico videlicet ac litterato Olivierii Arzignanensis. *Impressum Mediolani, per Augustinum de Vicomercato,* 1522, pet. in-fol., vélin.

Encadrement au titre et neuf figures gravées sur bois. Notules manuscrites.

634. VELASQUEZ Y SANCHEZ (D. José). Anales del Toreo. Reseña historica de la lidia de reses bravas : Galeria biografica de los principales lidiadores : razon de las primeras ganaderias españolas, sus condiciones y divisas. *Sevilla,* 1868, gr. in-4, portr. et pl., demi-rel.

Cet ouvrage est orné de 19 portraits des plus célèbres toréadors et picadors, et de 20 planches représentant les diverses scènes des courses de taureaux.

635. WOLOWSKI. La Question des Banques. — La Banque d'Angleterre et les Banques d'Ecosse. — La Liberté commerciale et les résultats du traité de commerce de 1860. — L'Or et l'Argent par Wolowski. *Paris, Guillaumin,* 1864-1870, 4 vol. in-8, mar. brun, fil. à froid, tr. jaspée. (*Weber.*)

Très-bel exemplaire.

5. BIBLIOGRAPHIE.

636. Adry (P.). Catalogue raisonné des Variorum, in-8, par le P. Adry, Oratorien. *S. l. n. d.*, 3 forts vol. in-8, mar. noir, tr. dor. (*Rel. anc.*)

Important ouvrage resté inédit.
Il contient une véritable bibliographie de toutes les éditions critiques des classiques grecs et latins publiées aux XVIIe et XVIIIe siècles.
Les *Observations* sur chaque édition ont été rédigées avec le plus grand soin.

637. Adry. Recherches bibliographiques par le P. Adry, Oratorien. *S. l. n. d.*, pet. in-8, demi-rel.

Manuscrit autographe de 172 pp.
Liste des plus célèbres imprimeurs. — Édition des auteurs dits Variorium, dits Dauphins, dits Elzevirs, des PP. Benedictins, Oratoriens, etc.

638. Allut (P.). Étude biographique et bibliographique sur Symphorien Champier. *Lyon, Scheuring*, 1859, in-8, portr., cart., *non rogné.*

639. L'Art de l'Imprimerie à Venise. *Venise, Ferd. Ongania*, 1895-1896, gr. in-8, portr., fig. et fac-similés, *broché*, dans un carton.

640. Beraldi (Henri). Estampes et Livres, 1872-1892. *Paris*, 1892, in-4, pl., *broché.*

Catalogue anecdotique de la collection de M. H. Beraldi. Orné de 43 planches dont 41 sont la reproduction de reliures du XVIIIe et XIXe siècle par la chromotypographie et par l'héliogravure.
Tiré à 390 exemplaires. Epuisé.

641. Beraldi (H.). La Reliure du XIXe siècle. *Paris, L. Conquet*, 1895-1897, 4 vol. gr. in-8, pl., *brochés.*

Orné de 285 reproductions de reliures. Tiré à 295 exemplaires. Épuisé.

642. Bibliographie. Ouvrages divers, 1726-1880, 10 vol. et brochures, in-8 et in-12, demi-rel. et *brochés.*

Bibliothèque des auteurs de la Congrégation de St-Maur, par D. Filipe le Cerf. — Bibliographie agronomique (par Musset-Pathay). — La Bibliographie jaune (par Laporte). — Bibliographies de Regnard, Marivaux, A. de Musset, Ch. Baudelaire, etc.

643. Bibliographie. Ouvrages divers, 1789-1900, 28 vol. et brochures, in-4, in-8 et in-12, cart. et *brochés.*

La Chasse aux bibliographes et antiquaires mal-advisés, par l'abbé Rive, 2 vol. — Catalogue général de la librairie française au XIXe siècle, par

P. Chéron, 2 vol. — Annuaires de la Société des Amis des Livres, années 1883, 1884, 1886 à 1889, 1891, 1892, 1897 à 1900, 12 vol. — Exposition du Cercle de la Librairie, 2 vol., etc.

644. BIBLIOGRAPHIE. Ouvrages divers. 1828-1850, 5 vol. et brochures in-8, demi-rel. et *brochés*.

Analectabiblion (par le Marquis du Roure). — Mélanges tirés d'une petite bibliothèque, par Ch. Nodier, etc.

645. BIBLIOGRAPHIE. Ouvrages divers. 1864-1882, 7 vol. in-8 et in-12, cart. et *brochés*.

P. Lacroix : Dissertations bibliographiques ; Mélanges bibliographiques ; Recherches bibliographiques sur les livres rares et curieux. — G. Brunet : Livres payés en vente publique 1000 fr. et au-dessus depuis 1866 jusqu'à 1877 ; Livres perdus. — L. Derome, les Editions originales des Romantiques.

646. BIBLIOGRAPHIE elzévirienne, 1822-1880, 9 vol. in-8 et in-12, veau, demi-rel. et *brochés*.

Annales de l'Imprimerie des Elzevier, seconde édition, par Ch. Pieters. — Recherches sur les Elzevier, par A. de Reume. — Essai bibliographique sur les éditions des Elzevirs (par S. Bérard). — Recherches sur diverses éditions elzéviriennes, par G. Brunet, etc.

647. LE BIBLIOPHILE FRANÇAIS. Gazette illustrée des amateurs de livres d'estampes et de haute curiosité. *Paris, Bachelin-Deflorenne,* 1868-1873, 7 vol. gr. in-8, fig., *brochés*.

Portraits, fac-similés et reproductions de reliures.

648. BIBLIOPHILIE. Ouvrages divers, 1857-1883, 8 vol. in-18 et in-12, demi-rel. et *brochés*.

Analectes du bibliophile, 3 vol. — Mémoires d'un bibliophile, par Tenant de la Tour. — Le Luxe des Livres, par Derome. — Voyages littéraires sur les Quais de Paris, par A. de Fontaine de Resbecq, etc.

649. BIBLIOPHILIE. Ouvrages publiés en Amérique. *New-York et Brooklyn*, 1881-1887, 3 vol. in-8, fig., cart. et *broché*.

A Monograph on privately illustrated Books. A Plea for Bibliomania, by D. M. Tredwell. — Books and Bookmen, by Andrew Lang. — Ballads of Books, chosen by Brander Matthews.
Volumes tirés à petit nombre.

650. BIBLIOTHÈQUES publiques, 1819-1890, 12 vol. et brochures, in-8 et in-12, demi-rel. et *brochés*.

Recherches sur les bibliothèques anciennes et modernes, par Petit-Radel. — 1re 2e et 8e lettre sur l'organisation des bibliothèques dans Paris, par le Cte de Laborde. — Catalogue de la bibliothèque de l'abbaye de Saint-Victor. — Histoire de la bibliothèque Sainte-Geneviève, par A. de Bougy. — La Sorbonne par A. Franklin, etc.

651. BIERSTADT. The Library of Robert Hoe. A Contribution to the History of Bibliophilism in America, by O. A. Bierstadt. *New-York*, 1895, in-8, fig., cart.

Catalogue de la bibliothèque particulière la plus importante qui existe en Amérique. Il est orné de 110 figures.

Tiré à 350 exemplaires, tous sur PAPIER DU JAPON.

On y joint : 1° Catalogue of the printed Books, manuscripts, autograph letters collected by F. Locker-Lampson. *London*, 1900, in-8, cart.

Précieuse collection d'éditions originales des grands écrivains de tous les pays.

2° The Libraries of California, by. F. Haines Apponyi. *San Francisco*, 1878, in-8, cart.

652. BIGMORE and WYMAN. A Bibliography of Printing with notes et illustrations. Compiled by E. C. Bigmore and C. W. H. Wyman. *London, B. Quaritch*, 1880-1886, 3 vol. in-4, fig., cart. toile.

Excellent ouvrage donnant la bibliographie de tous les livres se rapportant à l'histoire de l'imprimerie et de la librairie. Portraits et fac-similés de marques de libraires. Tiré à petit nombre.

653. BODONI. Vita del Cavaliere Giambattista Bodoni, tipografo italiano e Catalogo cronologico delle sue edizioni (par Guiseppe de Lama). *Parma*, 1816, 2 vol. in-4, front., cart., *non rognés.*

Intéressant pour le catalogue des impressions faites par Bodoni.

654. BRUNET (J.-Ch.). Manuel du libraire et de l'amateur de livres, par J.-Ch. Brunet. Cinquième édition. *Paris, Didot*, 1860-1865, 6 vol. in-8, fig. — Supplément par MM. P. Deschamps et G. Brunet. *Paris*, 1878-1880, 2 tomes en un vol. in-8. Ens. 7 vol. in-8, demi-rel., dos et coins veau fauve, tête dor., *non rognés.* (*Belz-Niedrée.*)

Bel exemplaire.

655. BRUNET (Gustave). La Reliure ancienne et moderne. Recueil de 116 planches de Reliures artistiques des XVIe, XVIIe, XVIIIe et XIXe siècles. Introduction par Gustave Brunet accompagnée d'une table explicative avec notice descriptive de 31 Reliures des plus remarquables. *Paris, Paul Daffis*, 1878, 2 tomes en un vol. in-fol., *en feuilles*, dans un carton.

656. BULLETIN DU BIBLIOPHILE, publié par Techener sous la direction de Ch. Nodier et Paulin Paris, avec le catalogue raisonné des livres de l'éditeur. *Paris, Techener*, 1834-1865, 27 vol. in-8, en livraisons et cart., *non rognés.*

Les années 1834-1835, 1838-1839, 1840-1841, sont incomplètes et l'année 1844 manque.

657. CARACTÈRES et Ornements typographiques de diverses imprimeries hollandaises, 1743-1893, 4 vol. in-4 et in-8, pl., veau, cart. et *broché.*

Versameling Van een Party Curieuse. Letteren in allerlei sorten, by H. Floris Wetstein, 1743. — Proef van Letteren van J. Enschedé, 1768. — De Lettergieterrij van J. Enschedé en zonen, 1893, etc.

658. CATALOGUES. Catalogue des livres, manuscrits et imprimés, composant la bibliothèque de M. Armand Cigongne. *Paris, Potier*, 1861, in-8, *broché*.

Collection achetée en bloc par le duc d'Aumale.
Exemplaire tiré sur PAPIER DE HOLLANDE.

659. Catalogue illustré des livres précieux manuscrits et imprimés faisant partie de la bibliothèque de M. Ambroise Firmin-Didot. *Paris*, 1878-1883, 5 vol. gr. in-8, pl., demi-rel., mar. noir, *non rognés*. (*Lemardeley.*)

PAPIER DE HOLLANDE. Tables alphabétiques et prix d'adjudication.
Nombreuses planches hors texte, reproductions de reliures et de miniatures.

660. Catalogue des livres de Madame Du Barry avec les prix ; à Versailles, 1771 ; reproduction du catalogue manuscrit original avec des notes et une préface par P. L. Jacob. *Paris, A. Fontaine*, 1874, in-12, demi-rel.

661. Catalogue d'une très riche mais peu nombreuse collection de Livres provenant de la bibliothèque de feu M. le comte J.-N.-A. de Fortsas, dont la vente se fera à Binche le 10 août 1840, etc. *Mons, s. d.* (1840), in-8, *broché*.

ÉDITION ORIGINALE de ce catalogue célèbre comme exemple de mystification bibliographique :
On y joint : 1° 2 réimpressions différentes de ce même catalogue.
2° Documents et particularités historiques sur le catalogue du comte de Fortsas. *Mons*, 1857, in-8, *broché*.
3° Collection de livres introuvables du cabinet de feu M. A. R. J. Turgot. *Angoulême*, 1856.

662. Catalogus librorum bibliothecæ ill. viri C. H. comitis de Hoym. Digestus et descriptus à Gabriele Martin bibliopola Parisiensi. *Parisiis*, 1738, in-8, cart. toile.

Catalogue bien rédigé avec index. Prix manuscrits.

663. Catalogues des collections de M. Guglielmo Libri. *London*, 1859-1864, 4 part. en 3 vol. in-4, fac-similés, cart.

Livres, manuscrits, objets d'art.
Envoi à M. P. Lacroix.

664. Catalogue des livres rares et précieux de la bibliothèque de feu M. le Comte de Mac-Carthy Reagh. *Paris, De Bure*, 1815, 2 vol. in-8, mar. rouge, dos orné, dent., tr. dor. (*Rel. anc.*)

Collection remarquable d'anciens monuments typographiques. Bel exemplaire. Prix manuscrits.

665. Bibliothèque de la Reine Marie-Antoinette au petit Trianon. Catalogue avec des notes inédites du Marquis de Paulmy, publié par P. Lacroix. *Paris, J. Gay*, 1863, pet. in-12, *broché*.

Tiré à petit nombre.

On y joint : 1° Livres du boudoir de la reine Marie-Antoinette. Catalogue publié par L. Lacour. *Paris, Gay, s. d.*, in-12, demi-rel.
2° Bibliothèque de la reine Marie-Antoinette au château des Tuileries. Catalogue publié par E. Q. B. (Quentin-Bauchart). *Paris, Morgand*, 1884, in-12, *broché*.

666. Bulletins et Répertoires de la librairie Morgand et Fatout. *Paris*, 1876-1882, 5 vol. in-8, fac-similés et chromolithographies, cart., *non rognés*.

Tomes 1, 2 et 3 (lacunes). Répertoires 1878 et 1882.

667. Catalogue des livres de la bibliothèque de feue Mme la marquise de Pompadour. *Paris*, 1765, in-8, veau.

Exemplaire avec les prix d'adjudication.

668. Catalogue de la bibliothèque du château de Rambouillet appartenant à Monseigneur le comte de Toulouse. *Paris*, 1726, in-8, veau, fil., tr dor. (*Rel. anc.*)

Collection célèbre pour ses romans de chevalerie et les livres sur les voyages. Catalogue tiré à très petit nombre.
Bel exemplaire aux armes du duc d'Aumont.
On y joint : Catalogue de la bibliothèque du Château de Rambouillet. *Paris*, 1708, in-8, veau. Exemplaire aux armes du comte de Toulouse.

669. Catalogues de ventes de livres de bibliothèques particulières, 1643-1773, 6 vol. in-8, vélin et veau.

Bibliothecæ Cordesianæ catalogus. — Bibliotheca Fayana. — Catalogue de la bibliothèque du chasteau de Rambouillet appartenant à Mgr. le comte de Toulouse. — Catalogues des livres de M. de Roze, de M. Secousse et de M. Fevret de Fontette.

670. Catalogues de ventes de livres de bibliothèques particulières, 1810-1890, 17 vol. in-8 et 12, demi-rel. et *brochés*.

Catalogues Firmin Didot, Nodier, Chedeau, P^ce^ d'Essling, Capé, Ed. Forest, Quentin-Bauchart, etc.

671. Catalogues de ventes de livres de bibliothèques particulières, 1826-1891, 9 vol. in-8, demi-rel. et cart.

Catalogues Salva, Nodier, Capé, Bigillion, Potier, Solar, Guy Pellion et Destailleur (grand papier), la plupart avec prix marqués.

672. Catalogues de bibliothèques américaines, 1873-1888, 4 vol. in-8, fig., cart. toile.

Catalogue of the collection of Books, manuscripts, and Works of Art, belonging to Mr. H. Probasco. — A Descriptive Catalogue of the Books forming the Library of Clarence H. Clark, prepared by J. Thomson, 2 vol. — The Libraries of California, by F. Haines Apponyi.

673. Charavay. Inventaire des autographes et documents historiques, réunis par M. Benjamin Fillon ; décrits par Etienne Charavay. *Paris, Charavay frères*, 1878, 2 vol. in-4, fig. et portr., *brochés*.

Exemplaire tiré sur grand papier auquel on joint les *Tables* dressées par M. Tourneux. *Paris*, 1891, in-4.

674. Charavay. Lettres autographes composant la collection de M. Alfred Bovet, décrites par Etienne Charavay. *Paris, Charavay frères,* 1887, 2 vol. in-4, pl., *brochés.*

Un des 20 exemplaires imprimés sur PAPIER DU JAPON, avec planches en héliogravure tirées hors texte.

675. Chevillier. L'Origine de l'Imprimerie de Paris. Dissertation historique et critique. Divisé en quatre parties par A. Chevillier. *Paris,* 1694, in-4, basane.

Ouvrage estimé.

On y joint : Annals of Parisian Typography containing an account of the Earliest Typographical Establishments of Paris. By the Rev. W. Parr Greswell. *London,* 1818, in-8, fig., veau.

676. Claudin (A.). Origines de l'Imprimerie à Albi en Languedoc (1480-1484). Les Perégrinations de J. Neumeister en Allemagne, en Italie et en France (1463-1484), son établissement définitif à Lyon (1485-1507). *Paris,* 1880, in-8, fig., cart., *non rogné.*

Épuisé. Rare.

677. Dudin. L'Art du Relieur-doreur de Livres. Par M. Dudin. *S. l.* (*Paris*), 1762, in-fol., pl., demi-rel. veau fauve. (*Closs.*)

Orné de 16 planches par *Ransonnette* et *Simonneau.*

Dans le même volume : Art du Tailleur, par de Garsault. *Paris,* 1769, in-fol. avec 16 pl. de costumes.

678. Du Molinet (Claude). Le Cabinet de la Bibliothèque de Sainte-Geneviève, divisé en deux parties. Contenant les antiquitez de la religion des chrétiens, des égytiens et des romains ; des tombeaux, des monnoyes, des pierres antiques gravées, etc., par le R. P. Claude du Molinet. *Paris, Ant. Dezallier,* 1692, in-fol., front. et pl., basane.

679. Écriture. Ouvrages sur l'Écriture et les Autographes, 1700-1870, 4 vol. in-4, in-8 et in-12, demi-rel. et *brochés.*

De la Preuve par comparaison d'Écritures, par Ph. de Renusson. — Les Écritures cunéiformes, par J. Ménant. — De l'Origine de la Signature, par M. C. Guigne. — Une Fabrique de faux autographes ou récit de l'affaire Vrain Lucas, par H. Bordier et E. Mabille.

680. Guigard. Nouvel Armorial du bibliophile ; Guide de l'amateur des livres armoriés, par Joannis Guigard. *Paris, Rondeau,* 1890, 2 vol. in-8, pl., cart. toile, *non rognés.*

On y joint : Armorial du Bibliophile par J. Guigard. *Paris,* 1870-1873, in-8, demi-rel.

681. Imprimerie. Ouvrages divers, 1740-1858, 6 vol. in-4, et in-8, cart., veau et *brochés.*

Histoire de l'Imprimerie (par Marchand). — Plan des Origines typographiques, par Méerman. — Traités de l'Imprimerie, par Fournier. — Jean Gutemberg, par Ch. Winaricky. — Jean Gutenberg, par Dingelstedt. — Débuts de l'Imprimerie à Mayence et à Bemberg, par L. de Laborde.

682. Imprimerie Plantinienne. Ouvrages divers, 1570-1866, 5 vol. in-4, in-8 et in-12, veau, vélin, cart. et *broché*.

Index librorum prohibitorum, 1570. — De Librorum prohibitorum, 1570. — Index Librorum qui ex typ. Plantiniana prodierunt, 1615. — Annales Plantiniennes, par Ruelens et De Backer, 1866. — Musée Plantin-Moretus à Anvers, 15 phot.

683. Imprimeurs. Ouvrages divers, 1845-1876, 4 vol. in-8 et in-12, cart. et *brochés*.

Recherches sur Thierry Martens, par J. de Gand. — Geofroy Tory, par Aug. Bernard. — Cazin (par Brissard-Binet), etc.

684. Jacob (Louys). Traicté des plus belles Bibliothèques publiques et particulières, qui ont esté, et qui sont à présent dans le monde, par le P. Louys Jacob Châlonnais. *Paris, Rolet le Duc*, 1644, 2 parties en un vol. pet. in-8, veau fauve, dos orné, tr. dor. (*Rel. anc.*)

Bel exemplaire aux armes de Pondre de Guermante.

685. Johnson. Typographia or the Printers'Instructor : including an account of the origin of Printing, with Biographical Notices of the Printers of England, by J. Johnson. *London*, 1824, 2 vol. in-8, fig., cart., *non rognés*.

Grand papier.
On y joint : A History of Booksellers, the old and the new. By Henry Curwen. With portraits and illustrations. *London*, (1873), pet. in-8, cart., fig.

686. Labitte (A.). Les Manuscrits et l'art de les orner; par Alphonse Labitte; ouvrage historique et pratique, illustré de 300 reproductions de miniatures, bordures et lettres ornées. *Paris, Mendel*, 1893, in-4, fig., *broché*.

687. Laborde (Léon de). Les Archives de la France, leurs vicissitudes pendant la Révolution, leur régénération sous l'Empire, par le Marquis de Laborde. *Paris, Vve Renouard*, 1867, in-8, *broché*.

688. Lacroix (P.). Bibliographie Molièresque, par Paul Lacroix. Seconde édition. *Paris, A. Fontaine*, 1875, in-8, portr., cart. toile.

On y joint : Iconographie Molièresque, par Paul Lacroix. *Paris*, 1876, in-8, *broché*.

689. La Serna Santander. Dictionnaire bibliographique choisi du quinzième siècle, précédé d'un essai historique sur l'origine de l'Imprimerie, par M. de La Serna, Santander. *Bruxelles*, 1805, 3 vol. in-8, cart., *non rognés*.

On y joint : Index Librorum ab inventa typographia ad annum 1500, par F. X. Laire. *Senonis*, 1791, 2 vol. in-8, demi-rel. mar. noir, *non rognés*.
Livres du XVe siècle de la bibliothèque du cardinal Loménie de Brienne.

690. Le Roux de Lincy. Recherches sur Jean Grolier, sur sa

vie et sa bibliothèque, suivies d'un catalogue des livres qui lui ont appartenu par M. Le Roux de Lincy. *Paris, Potier*, 1866, in-8, pl., *broché*.

GRAND PAPIER. Envoi autographe de l'auteur. Avec l'album renfermant 6 pl. de reliures.

691. LOTTIN (A.-M.). Catalogue chronologique des Libraires et des Libraires-Imprimeurs de Paris depuis l'an 1470, époque de l'établissement de l'imprimerie dans cette capitale, jusqu'à présent (par Lottin). *Paris, Lottin*, 1789, in-4, demi-rel., *non rogné*.

Ouvrage rare et recherché. Exemplaire tiré sur GRAND PAPIER.

692. MALLET (G.). Inventaire de la Bibliothèque du roi Charles VI fait au Louvre en 1423. Dressé par Gilles Mallet valet de chambre du roi. *Paris*, 1867, in-8, *broché*.

On y joint : Catalogue d'une partie des livres composant la bibliothèque des Ducs de Bourgogne au XVe siècle, par G. Peignot. *Dijon,* 1841, in-8, *broché*.

693. MANUSCRITS. Notices diverses, 1779-1885, 5 vol. in-4, in-8 et in-12, cart. et *brochés*.

Notices de deux manuscrits, l'un la Guirlande de Julie et l'autre, Recueil de fleurs et insectes ; par l'abbé Rive. — Notice sur les Manuscrits à miniatures par le bibliophile J. R. — Notice historique et bibliographique sur vingt-cinq manuscrits ayant fait partie de la bibliothèque de Fr. Pétrarque, etc.

694. MARCHAL. Catalogue des manuscrits de la bibliothèque royale des ducs de Bourgogne. *Bruxelles et Leipzig*, 1842, 3 vol. pet. in-fol., fig., *brochés*.

Reproductions de miniatures.

695. MÉMOIRE sur les vexations qu'exercent les Libraires et Imprimeurs de Paris. *S. l. n. d.* (*Paris, vers* 1720), in-fol. de 16 pp., cart.

Ce libelle très rare et très curieux est attribué à l'abbé Blondel.
On y joint : 1° Code de la Librairie et Imprimerie de Paris (par Saugrain). *Paris,* 1744, in-12, mar. rouge, fil., tr. dor. (*Rel. anc.*)
2° Almanach de la Librairie. *Paris,* 1778, in-12, veau.

696. NISARD (Charles). Histoire des Livres populaires ou de la littérature du colportage depuis l'origine de l'imprimerie, par Ch. Nisard. *Paris,* 1852, 2 vol. in-18, fig., demi-rel. mar. vert, tête dor. (*Petit.*)

697. NODIER (Ch.). Description raisonnée d'une jolie collection de livres ; par Charles Nodier. *Paris*, *Techener*, 1844, in-8, portr., demi-rel. mar. noir, dos orné, tête dor, éb.

Exemplaire tiré sur GRAND PAPIER. Avec la liste des prix d'adjudication.

698. NODIER. Mélanges tirés d'une petite bibliothèque ou variétés littéraires et philosophiques. *Paris*, *Crapelet*, 1829,

gr. in-8, demi-rel. dos et coins de mar. vert, tête dor., éb. (*Simier.*)

GRAND PAPIER VÉLIN.

699. PEIGNOT. Manuel du bibliophile ou traité du choix des livres par Gabriel Peignot. *Dijon, Victor Lagier*, 1823, 2 vol. in-8, demi-rel. chagrin, *non rognés.*

On y joint : Dictionnaire bibliographique ou nouveau manuel du libraire, par M. P. (Pseaume). *Paris*, 1824, 2 vol. in-8, demi-rel.

700. PICHON (Baron J.). Vie de Charles-Henry Comte de Hoym, ambassadeur de Saxe-Pologne en France et célèbre amateur de livres, 1694-1736. *Paris*, 1880, 2 vol. in-4, front. et fig., *brochés.*

Portrait et planches en noir et en couleur.
Exemplaire tiré sur GRAND PAPIER de format in-4.
On y joint : Encore deux cartons du comte de Hoym, par Ch. Sahrer de Sahr. *Dresde*, 1870, in-4.

701. PICOT (Émile). Bibliographie Cornélienne, par Émile Picot. *Paris*, 1876, in-8, portr., *broché.*

On y joint : Bibliographie et Iconographie de tous les ouvrages de Restif de La Bretonne, par P. L. (Lacroix) Jacob, bibliophile. *Paris*, 1875, in-8, portr., *broché.*

702. POULET-MALASSIS. Les Ex-Libris français depuis leur origine jusqu'à nos jours. Nouvelle édition, revue, très augmentée et ornée de 24 planches. *Paris, Rouquette*, 1875, in-8, pl., demi-rel. dos et coins de mar. rouge, tête dor., éb.

703. PRESSE. Ouvrages divers. 1834-1868, 5 vol. in-8, demi-rel. et *brochés.*

Manuel de la liberté de la Presse. — La Presse périodique dans les deux mondes, par Eug. Hatin. — De la liberté de la Presse avant Louis XIV, par Ch. Nodier. — Des Journaux chez les Romains, par J. V. Le Clerc.

704. QUENTIN-BAUCHART. Les Femmes Bibliophiles de France, XVIe, XVIIe et XVIIIe siècles par Ernest Quentin-Bauchart. *Paris, D. Morgand*, 1886, 2 vol. gr. in-8, pl., *brochés.*

Notices sur de nombreuses femmes célèbres ayant possédé des livres en belle condition. Etude sur l'Art de la reliure pendant trois siècles accompagnée de nombreuses reproductions.

705. RENOUARD (Ant. Aug.). Annales de l'Imprimerie des Alde, par Ant. Aug. Renouard. *Paris*, 1803, 3 vol. in-8, portr., demi-rel. mar. vert, *non rognés.* (*Thouvenin.*)

GRAND PAPIER VÉLIN. Portraits par *Aug. de St-Aubin.*

706. RENOUARD. Annales de l'Imprimerie des Alde. Seconde édition. *Paris*, 1825, 3 vol. in-8, portr., cart., *non rognés.* (*Bradel.*)

GRAND PAPIER. Portraits par *Aug. de St-Aubin.*

707. RENOUARD. Annales de l'Imprimerie des Estienne, ou histoire de la famille des Estienne et de ses éditions. Deuxième édition. *Paris, Renouard,* 1843, in-4, mar. brun jans., *non rogné.*

Très bel exemplaire tiré sur GRAND PAPIER.

708. RENOUVIER. Des Gravures en bois dans les livres d'Anthoine Vérard et de Simon Vostre. — Jehan de Paris. — Des portraits d'auteurs dans les livres du XVe siècle, par Renouvier. *Paris,* 1859-1863, 4 vol. in-8, fig., mar. brun, milieux. (*Capé.*)

Exemplaires imprimés sur PEAU DE VÉLIN. Riches reliures.

709. ROOSES (Max). Christophe Plantin imprimeur Anversois par Max Rooses. *Anvers, Jos. Maes,* 1882, in-fol., fig., *en livraisons.*

Nombreux portraits, fac-similés de titres, d'estampes ; vues de monuments, etc. Bibliographie raisonnée des éditions plantiniennes.

710. SCHWARTZ (C. G.). Disputatio prima (-tertia) de ornamentis librorum apud veteres usitatis. *Lipsiæ,* 1705-1716, 3 part. en un vol. in-4, veau.

Ces trois thèses sont ornées de curieuses figures.
On y joint : Essai sur les livres dans l'antiquité par H. Géraud. *Paris,* 1840, in-8, *broché.*

711. SILVESTRE (J. B.). Paléographie orientale, d'après les modèles écrits, dessinés et peints par M. J. B. Silvestre et accompagnés d'explications historiques et descriptives par MM. Champollion Figeac et Aimé Champollion fils. *Paris, Firmin Didot frères,* 1843, in-fol., pl., demi-rel. mar. bleu.

56 planches coloriées.

712. TEISSIER. Essai philologique sur les commencemens de la Typographie à Metz et sur les imprimeurs de cette ville (par Teissier). *Metz et Paris,* 1828, in-8, portr., *broché.*

On y joint : Recherches sur les commencements de l'imprimerie en Lorraine, par M. Beaupré. *Saint-Nicolas du Port,* 1845, in-8, *broché.*

713. THOINAN. Les Relieurs français (1500-1800) biographie critique et anecdotique précédée de l'histoire de la communauté des relieurs et doreurs de livres de la ville de Paris, par Ernest Thoinan. *Paris,* 1893, in-4, pl., *broché.*

Un des 80 exemplaires tirés en grand format sur PAPIER VÉLIN.

714. TOURNEUX (Maurice). Bibliographie de l'Histoire de Paris pendant la Révolution Française, par M. Tourneux. *Paris,* 1890-1894, 2 vol. in-4, *brochés.*

Préliminaires. — Événements. — Organisation et rôle politique de Paris.

715. TYPOGRAPHIE. Divers ouvrages sur la Typographie, 1851-1886, 4 vol. et brochures in-8, *brochés.*

Essai sur la Typographie, par A. Firmin Didot. — Traité de la Typographie, par H. Fournier, etc.

716. Uzanne. La Reliure moderne artistique et fantaisiste par Octave Uzanne. *Paris, Ed. Rouveyre*, 1887, in-8, front. de Lynch et 72 pl. de reliures, cuir japonais, *non rogné*. (*Carayon.*)

Un des 100 exemplaires imprimés sur Papier du Japon.

717. Wheatley (H. B.). Les Reliures remarquables du Musée britannique au point de vue de l'art et de l'histoire, décrites par Henry B. Wheatley. *Paris et Londres*, 1889, in-4, 62 pl. de reliures, *broché*.

718. Willems. Les Elzevier, histoire et annales typographiques par Alphonse Willems. *Bruxelles et Paris*, 1880, un tome en 2 vol. in-4, fig. et pl., *brochés*.

Exemplaire tiré sur Grand papier de Hollande.

719. Xylographie de l'imprimerie Troyenne pendant le XVe, le XVIe, le XVIIe et le XVIIIe siècle, précédée d'une lettre du bibliophile Jacob; publiée par Varusoltis, de Troyes. *Troyes et Paris, Aubry*, 1859, in-4, pl., *broché*.

Papier vergé. Tiré à petit nombre.

On y joint : Anciens Bois de l'imprimerie Fick à Genève. *Genève*, 1863, in-fol., pl., *broché*.

720. Zapf. Annales typographiæ Augustanæ ab ejus origine 1466 usque ad annum 1530. Accedit D. Francisci Antonii Veith. Diatribe de origine et incrementis artis typographicæ in urbe Augusta Vindelica. Edidit G.-G. Zapf. *Augustæ Vindelicorum*, 1778, in-4, cart., *non rogné*.

---

721. Ex-libris français et étrangers. En un vol. pet. in-fol. obl., mar. rouge, fil., tr. dor.

Collection de 215 ex-libris des dix-septième, dix-huitième et dix-neuvième siècles, bien choisis et souvent importants pour leur qualité artistique. Ils sont montés sur papier blanc et réunis dans une ancienne reliure avec armoiries.

722. Ex-libris français et étrangers et armoiries dorées sur cuir. En un vol. in-8, demi-rel. mar. rouge.

Collection de 114 ex-libris bien choisis des dix-septième, dix-huitième et dix-neuvième siècles. Ils sont placés dans un album de papier blanc portant l'ex-libris de Renouard.

723. Papier blanc des XVIIIe et XIXe siècles, 7 registres in-4 et in-8.

LILLE — IMPRIMERIE L. DANEL — 1903

LA

COLLECTION DUTUIT

LIVRES ET MANUSCRITS

Superbe volume in-folio, de 4 ff. préliminaires, 328 pages et 42 planches hors texte.

TIRAGE LIMITÉ A 350 EXEMPLAIRES.

PRIX DE L'EXEMPLAIRE. . . . . 200 francs.

Ce catalogue renferme la description raisonnée de 789 ouvrages ; il est imprimé avec le plus grand luxe par L. Danel, de Lille, sur BEAU PAPIER DE HOLLANDE, fabriqué aux Papeteries du Marais, toutes les pages étant encadrées d'un filet rouge.

Ce volume est orné :

1° De 33 planches en couleurs, tirées sur PAPIER DU JAPON, reproductions de somptueuses reliures ou de très belles miniatures.

2° De 9 planches en noir en héliogravure, tirées sur PAPIER DU JAPON.

3° De 70 figures dans le texte, reproductions de titres, de figures, etc.

Le volume est contenu dans un élégant cartonnage de MM. Magnier.

La Collection Dutuit, aujourd'hui la propriété de la Ville de Paris, est surtout remarquable par ses livres et manuscrits. Les belles reliures, les superbes miniatures qui font l'admiration de tous les visiteurs du Petit Palais sont si fidèlement et si exactement reproduites dans ce Catalogue, que l'on a l'impression d'avoir sous les yeux les reliures elles-mêmes.

Nombreuses et intéressantes notices bibliographiques sur des ouvrages fort rares, sinon uniques.

Le Catalogue destiné à mettre en valeur la collection, n'a pas été entrepris dans un but de spéculation et son prix de revient est plus élevé que le prix de vente du volume.

LILLE, IMPRIMERIE L. DANEL

www.ingramcontent.com/pod-product-compliance
Ingram Content Group UK Ltd.
Pitfield, Milton Keynes, MK11 3LW, UK
UKHW020237220726
13923UKWH00002B/705

9 782014 467000